W0384452

MAN NEHME ERNST NUR DAS, WAS **FROH** MACHT …

HEINZ ERHARDT

MIT BILDERN VON **GERHARD GLÜCK**

LAPPAN

DAS SCHWARZE SIND DIE BUCHSTABEN!

NUR DIE ALTEN VERSTEHEN NOCH ETWAS VOM LESEN

SIMON M. IST DER FESTEN ÜBERZEUGUNG, DASS BESTIMMTE SUPPENEINLAGEN DEN WORTSCHATZ ERWEITERN.

LEITANWEISUNG ODER GEBRAUCHSFADEN FÜR DIE BENUTZUNG DES VORLIEGENDEN BUCHES

Wer – durch welche Umstände auch immer – in den Besitz dieses Buches gelangt, ist möglicherweise zunächst unschlüssig, was er damit anfangen soll. Darf ich deshalb im Folgenden einige Richtlinien zur Kenntnis geben?

Wer junge Kinder hat, der überlasse ihnen dieses Buch! Sie können die weißen Stellen mit Männchen bemalen oder die abgebildeten Personen ausschneiden und ihnen lustige Bärte ankleben ...

Ganz kleinen Kindern mag dies Buch als Unterlage dienen, falls ein paar Zentimeter bis zur Suppe fehlen ...

Sollte der Tisch ein zu kurzes Bein haben: Selbst zur Behebung dieses Notstandes ist dies Buch geeignet – ebenfalls zur Zermalmung lästiger Kerbtiere ...

Für ältere Ehepaare jedoch ist es schier unentbehrlich; denn gibt es ein besseres Wurfgeschoss? Allerdings muss der Werfer streng darauf achten, dass sich der Gegenwind während des Fluges nicht in den Seiten verfängt und dadurch die Flugbahn des Geschosses verändert oder gar bremst!

Aus diesen kurzen Beispielen ist ersichtlich, wie nutzbringend die lächerlichen paar Mark, die dies Druckerzeugnis gekostet hat, angelegt sind ...

Und nun kommt die große Überraschung: Man kann in diesem Buch auch lesen!

Das Schwarze sind die Buchstaben!

Man lese sie am zweckmäßigsten reihenweise von links nach rechts; denn wollte man es von rechts nach links tun,

.nies tkcurdeg murehsredna eis netssüm nnad

Da sich aber in Europa das Von-links-nach-rechts-Lesen immer mehr einbürgert, haben wir es bei dieser Lesart belassen.

Um einen möglichst großen Leserkreis zu erfassen, hat der Autor besondere Rücksicht auf die Diabetiker genommen: Man wird das Wort *Zucker* vergeblich suchen!

Auch hat er für diejenigen, die an Übergewicht leiden oder Diät leben müssen, Fett Gedrucktes vermieden!

Bevor ich jedoch mein Musenkind der Öffent- und damit der Lächerlichkeit preisgebe, muss ich schnell mal brechen – und zwar eine Lanze für jene Leser, die mehr

der *abstrakten* Kunst zugeneigt, also mit meinen gegenständlich primitiven Gedanken, Worten und Sätzen nicht viel anzufangen wissen, sind!
Diesen bleibe es unbenommen, Wortfolgen nachstehender Machwerke willkürlich aus den Satzgebilden herauszulösen, ja, selbst einzelne Buchstaben innerhalb eines Wortes beliebig umzustellen und die Zeilen grafisch aufzulockern. Als Beispiel möge der Anfang des Gedichts *Zellen* (Seite xx) dienen:

l
e z enl sad alfulae äle f benle komm t sau eizell=

ner, . ? ! : ; usw. usw.

Auch der unbefangene Leser wird zugeben müssen, dass so dieses Buch für den modernen Menschen über Jahre hinaus anregend bleibt! Was man nicht von jedem Werk unsrer Literatur behaupten kann ...

MAN NEHME ERNST NUR DAS, WAS FROH MACHT

INTERNATIONALER HUMORKONGRESS

»GUTEN TAG, WIR SIND VOM SONNENKRAFT-VEREIN UND
WÜRDEN SIE GERN ÜBER SOLARANLAGEN INFORMIEREN.«

HUMOR

Glücklich ist der Mensch zu preisen, der – angetan mit einem Regenmantel – durch den strömenden Regen geht und das Gefühl hat, durch meinen Mantel geht nichts durch. Dieser Mensch hat Humor! Humor ist nichts anderes als ein undurchlässiger Regenmantel, und es ist nur bedauerlich, dass Regenmäntel immer so verregnet aussehen.
Humor kommt von humus, ohne den bekanntlich nichts gedeihen kann. Aus humus ist dann Homo entstanden, und der liebe Gott muss damals viel Humor gehabt haben, als er den Homo sapiens schuf. Denn gibt es etwas Komischeres als den Menschen?
Aus einiger Entfernung sieht der Mensch manchmal wie ein richtiger Mensch aus. Aber während das Weihnachtsfest zum Beispiel uns immer näherkommt, kommen sich die Menschen niemals richtig näher. Sie haben Angst voreinander. Ist das nicht komisch?

WITZBOLDE

Es gibt eine Sorte von Menschen –
von zwanzig sind 's wohl mehr als zehn! –
die fragen dich, wenn sie dich treffen
(egal, wo es ist): »Kennen Sie den?«

Und dann erzählen sie Witze,
Witze am laufenden Band,
die einen, die sind nicht zum Lachen,
die anderen sind dir bekannt.

Die besten davon sind politisch,
die meisten aber obszön.
Du windest dich höflich und stammelst:
»Wie lustig! Wie köstlich! Wie schön!«

Laut lachend verschwinden die Bolde,
stolz über ihren Humor –
dabei besitzen sie keinen:
Es kommt ihnen nur so vor.

ONKEL HARRY

Onkel Harry wohnte im vierten Stock, weil im dritten schon jemand anders wohnte.
Er hatte eine schöne Wohnung – mit Zimmern drin und Wänden an den Seiten.
Es grenzte aber nicht nur ein Zimmer an das andere, sondern schon fast an Wahnsinn, wie viele Bilder seine Nägel zierten. Auch schöne Radierungen hatte er – besonders in den Geschäftsbüchern, wie er oft scherzhaft zu bemerken liebte.
Von seiner Frau, meiner Tante Luise, sagte er immer, ihre Eltern hätten, als sie noch ein Baby war, sehnsüchtig darauf gewartet, dass sie endlich spräche – nun warte er ebenso sehnsüchtig darauf, dass sie endlich einmal damit aufhöre!
Alle liebten Onkel Harry, weil er humorvoll war, und unzählbar waren seine Freunde, solange er Geld besaß. Bevor er völlig verarmt in seinem Rauchzimmer – er nannte es so, weil dort der Ofen immer so rauchte – starb, schrieb er doppelzüngig in sein Tagebuch: »Ich hatte mehr Freunde, als ich verdiente ...!«

DIE POINTE

Am meisten Freude macht es mir,
die Pointe zu verstecken
und dann zu sehen, wie es dir
gelingt, sie zu entdecken.

Wie dir beim Lesen erst der Mund
zuckt, dann der Augen Falten
sich tiefer graben, und –
du kannst nun nicht mehr an dich halten –
du lachst und lachst
und machst
mich damit froh!

So,
das wär's, was ich mit der »versteckten Pointe« meine ...
Doch lach noch nicht;
denn dies Gedicht
hat keine!

UM SEINE HERZKRANKE MUTTER ETWAS AUFZUHEITERN,
EMPFÄNGT HORST SIE ÖFTER MIT EINEM KLEINEN SCHERZ.

– VERGNÜGUNGSDAMPFER –

MAN NEHME

Seit frühster Kindheit, wo man froh lacht,
verfolgt mich dieser Ausspruch magisch:
Man nehme ernst nur das, was froh macht,
das Ernste aber niemals tragisch!

»SIE LEBEN MIT FREI LAUFENDEN HENNEN AUF EINEM BAUERNHOF?
DANN SIND SIE VERGNÜGUNGSSTEUERPFLICHTIG!«

DAS LACHEN

Kein Tier vermag sich *lachend* zu zeigen,
ob es nun kräht, quäkt, miaut und bellt –
das Lachen ist nur dem *Menschen* eigen
und deshalb nicht von dieser Welt ...

Wer sich selbst auf den Arm nimmt,
erspart anderen die Arbeit.

AN DICH

Liebe Friederike Kempner*!
Als ein weiblich-zarter Klempner
lötest du der Worte Klang,
der dir aus dem Innern drang,
aneinand – mal kurz, mal lang.

Darum Dank den Vorefahren,
die nicht nur aus Schlesien waren,
sondern dich auch dort gebaren!

Unsrer Seele tiefen Schacht
hast du voll gemacht!

* *1836 dem Ei entschlüpft, 1904 als »schlesischer Schwan« eingegangen – auch in die Literaturgeschichte. Freiwilllige Erfinderin des unfreiwilligen Humors.*

VERSUCH EINER CONFÉRENCE

Eine gute Conférence soll aus drei Teilen bestehen, wenn sie bestehen soll: nämlich aus dem ersten, dem zweiten und dem dritten Teil.
Bei einer Konferenz ist es so ähnlich, nur ganz anders; denn es ist kein Geheimnis, dass zwischen einer Konferenz und einer Conférence eine große Kluft klafft: Während bei einer Konferenz meistens nichts herauskommt, kommt nach einer Conférence immer etwas heraus – und zwar der oder die, den oder die man gerade conferiert hat! Lassen Sie mich bitte im Folgenden eine Conférence – als Muster ohne Wert – vorführen!

Meine Damen und Herren! Ich heiße nicht nur Fritz Dämlich, sondern Sie auch herzlich willkommen!
Nachdem ich mich hier auf der Bühne versammelt habe, habe ich zunächst ein kleines Bedürfnis: Ich möchte nämlich etwas fallen lassen – und zwar die Bemerkung, dass es leichter ist, den Mund zu halten, als eine Rede! Aber es wandelt mich die Lust an, Ihnen recht herzlich dafür zu danken, dass Sie sich hier teils nieder-, teils herabgelassen haben, um das gelassen an sich vorüberziehen zu lassen, was wir hier oben vom Stapel zu lassen die niedrige Stirn haben! Gewiss, wir könnten es auch lassen – aber lassen wir das! Lassen Sie uns lieber den Abend genießen, Genossen – nein – genossen wir doch selten einen so schönen!
Sie haben's gut! Sie können sich hersetzen und sich von Ihren Sorgen absetzen – aber wir hier oben müssen uns einsetzen, damit wir uns durchsetzen und Sie nicht entsetzen!!!
Wir wollen heute ausnahmsweise mit dem Anfang beginnen, obwohl ein *Anfang* immer *schrecklich* ist! Schon Madame Plissee, die Vielfältige, sprach vom »Anfang terrible«! –
Eigentlich wollte ich heute persönlich hier erscheinen, nun kam ich aber selbst. Ich sagte mir, dass tagtäglich überall in der Welt so viel Unnützes hergestellt wird, da könne ich mich auch mal herstellen! Nun müssen Sie sich aber vorstellen: Ich komme direkt von der Riviera! Man spricht immer vom »teuren Vaterland« – aber, das können Sie mir glauben, *da* ist es noch viel teurer!
Das Meer dort ist allerdings herrlich! Es reicht genau bis zum Ufer! Das Dumme ist nur: Dicke Rohre ragen ins Meer hinein. Sie sind dazu da, die Abwässer der umliegenden Hotels abzuleiten. Wenn man nun am nächsten Morgen baden geht, trifft man immer alte Bekannte – – – Nun ja, deshalb heißt die Gegend dort auch »Kot d'Azur«.

Berge sind *auch* erhebend!

HUMORIST AUF DEM WEG ZUR ARBEIT

Wenn im Winter der Schnee so rumliegt – was soll er auch anderes machen? – und man ganz, ganz oben steht mit Schneeschuhen unter den Sandalen und dann die – verzeihen Sie mir das folgende Wort – Piste hinabsaust, herrlich!
Nun war ich ja damals nicht allein in den Bergen: Eine bekannte Freundin von mir war mit von der Partie.
Sie war ein nettes Ding – bloß ein bisschen dünn! Ein typisches Dünn-Format war sie! Unter uns gesagt, sie sah aus wie eine Hundehütte: in jeder Ecke ein Knochen. Wie ich also lossauste, rief sie mir nach: »Hals- und Beinbruch!« Aber ich bin ja nicht verrückt! Ich tue doch nicht das, was sie will – und da habe ich mir den Arm gebrochen ... Und ich breche jetzt auch – nämlich was ab, und zwar meine Rede! Denn nun wird eine Künstlerin diese Bühne bevölkern, eine Tänzerin, die Sie alle vom Schallfunk und von der Rundplatte her kennen: Es ist Adelaide Pimpelfors! Was für eine Sängerin das hohe C ist, ist für eine Tänzerin der große Zeh!
Adjee! (ab)

Tänzerin tritt auf.

DAS GLÜCK GEHT MEIST RECHT EIGENARTGE WEGE

ZU BEGINN

Es war an einem 20. Februar.

Das Thermometer zeigte 11 Grad minus und die Uhr 11 Uhr vormittags, als vor unserem Haus das Hauptwasserrohr platzte. Im Nu war die Straße überschwemmt und im gleichen Nu gefroren. Die umliegenden Kinder kamen zuhauf, um auf ihren Schuhen schlitt zu laufen.

Ich selbst konnte mich an diesem fröhlichen Treiben nicht beteiligen, weil ich noch nicht geboren war. Dieses Ereignis fand erst gegen Abend statt. Und da war die Eisbahn längst gestreut und unbrauchbar geworden.

Das Eislaufen habe ich bis heute nicht gelernt. Auch schwimmen kann ich nicht. Aber zeichnen!

Also zeichne ich hochachtungsvoll

Ihr

Ich hol vom Himmel dir die Sterne«,
so schwören wir den Frauen gerne.
Doch nur am Anfang! Später holen
wir nicht mal aus dem Keller Kohlen.

ES IST NICHT ALLES GOLD, WAS GLÄNZT

Oft glänzt der Himmel strahlend blau,
und oft glänzt eine Hose,
oft glänzt die Nase einer Frau
vor dem Gebrauch der Puderdose.

Durch Abwesenheit glänzt das Glück!
Durch Bohnern glänzt die Diele –
man rutscht drauf aus und bricht's Genick!
(Zu großer Glanz ist nichts für viele!)

DAS KONZERT

Frau Fauna und Frau Flora
spiel'n am Piancforte
vierhändig und nach Noten
»Lieder ohne Worte«.

Frau Fauna hat die Melodie.
Frau Flora rankt sich drumherum.
Der Mensch hört zu und applaudiert.
Und Gott blättert die Seiten um.

WANN BEGREIFT UTE DUSTER, DASS IHRE
STERNTALERMASCHE KEINEN ERFOLG BRINGT?

DAS GLÜCK

Siehst du das Glück, lauf hinterher.
Sei dazu – nicht zu träge.
Bedenk – das Glück geht meist
recht eigenart'ge Wege.
Wenn du mit Laufen nichts erreichst,
so kriech, wenn man dich kriechen lässt.
Gib niemals auf, greif nach dem Glück.
Und hast du Schwein – dann halt es fest.

GLÜCK BEI FRAUN

Ich hatte großes Glück bei Fraun
Ja – mir gefiel fast jede.
Man sieht hieraus, wie alt ich bin,
weil ich gern darüber rede.

DAS WÄRE SCHÖN

Ich glaube, manche junge Frau,
die würd vor Glück zerspringen,
würd ihr der Klapperstorch zum Kind
auch gleich den Vater bringen.

DAS GLÜCKLICHE LEBEN

Nein, wir hatten nichts zu rauchen.
Was da rauchte, waren Trümmer.
Und dann rauchten wir Machorka,
und der Hunger wurde schlimmer. –

Doch bald wurde es dann besser.
Wieder rauchten alle Schlote.
Und wir reisten nach Mallorca
mit dem Flugzeug oder Boote.
Und die Häuser wurden größer,
und die Autos wurden länger,
und wir wurden immer fetter
und die Städte immer enger.
Geld gab's viel für wenig Arbeit.
Alles gab's im Übermaße:
Freiheit, Fernsehn, Ferienreisen
und die Toten auf der Straße.

DAS GROSSE LOS

Wie man's auch dreht, wie man's auch nimmt,
das Los ist uns vorausbestimmt.

Wir wissen nicht, was kommt, was geht,
wie man's auch nimmt, wie man's auch dreht.

Wie man's auch dreht und nimmt und zieht,
wir wissen nicht, was uns noch blüht.

Das große Los blüht uns nicht oft,
wie man's auch dreht, nimmt, zieht und hofft.

ZUM RENTENBEGINN BEKAM NORBERT VOM STAAT EIN GOLDSUCHERSET.

DER PHILANTROP

NÄCHSTENLIEBE

Die Nächstenliebe leugnet keiner,
doch ist sie oft nur leerer Wahn,
das merkst am besten du in einer
stark überfüllten Straßenbahn.
Du wirst geschoben und musst schieben,
der Strom der Menge reißt dich mit.
Wie kannst du da den Nächsten lieben,
wenn er dir auf die Füße tritt?!

DER STROHHUT

Er hatte etwas blaues Blut
und Schmisse auf den Backen.
Der Strohhut aber stand ihm gut,
trug er ihn keck im Nacken.

Und tanzte er nach »In The Mood«,
stand er auf fremden Füßen.
Der Strohhut aber stand ihm gut,
nahm er ihn ab beim Grüßen.

Er sagte statt »Statut« – »Schdadut«,
er war nämlich aus Sachsen.
Der Strohhut aber stand ihm gut –
wie aus dem Kopf gewachsen.

IN EIGNER SACHE

Ich häng oft den Gedanken nach,
die teilweise stürmisch, teils gemach
die Gänge meines Hirns erfüllen.
Doch denken kann ich nur im Stillen.

Im Wald zum Beispiel! Zwischen Bäumen,
dort kann ich dichten, kann ich träumen.
In Gegenwart von Baum und Tier,
da kommen die Gedanken mir.

Allein, inmitten jener Wesen,
die schreiben können und auch lesen,
die lieben können, doch nur hassen,
fällt mir nichts ein, da muss ich passen!

Ich bin ein richtiger Pechpilz, niemals
fällt mir das kleinste Schwein in den Schoss.

Möge der Himmel seine Geigen
über alle Glücklichen ausschütten.

Ich könnte manchmal vor Glück
eine ganze Allee von Purzelbäumen schlagen.

NUN SAG SCHÖN »GUTE NACHT«! MORGEN IST EIN NEUER TAG.

DER GENERAL UND SEIN HEMD

Es wollte der Herr General
ein Unterhemd belohnen,
und er befahl dem Wäscheschrank,
dem Festakt beizuwohnen!
Es traten zum Appelle an
der Hemden bunte Scharen –
mit Ausnahme derjenigen,
die grade schmutzig waren!

Er sprach: »Ich will heut eines Hem-
des Dienste anerkennen
und dieses tapfre Unterhemd
zum Oberhemd ernennen!
Ich hab's getragen sieben Jahr,
ich will's nicht tragen länger!
Es wurde mir ein guter Freund,
jedoch am Bauche enger!«

Er steckte ihm den Orden an
vom »Hemdenband mit Schnalle«!
Die Hemden riefen, was man ruft
dreimal in solchem Falle:
»Hurra! Hurra!«, und nochmals: »Rra!«
Das Oberhemd sprach: »Danke!«,
und dann verschwand's im *höheren*
Regal vom Wäscheschranke!

WAHRHEIT

Die schlechtesten Bücher sind es nicht,
an denen Würmer nagen,
die schlechtesten Nasen sind es nicht,
die eine Brille tragen.
Die schlechtesten Menschen sind es nicht,
die dir die Wahrheit sagen.

SCHICKSAL

Er war ein großer General
und außerdem einsachtzig,
und kam's zum Kampf, und er befahl,
dann wendete die Schlacht sich.

Er stürmte immer vorneweg,
selbst gegen schwerste Panzer,
und oft lag er im selben Dreck
wie nebenan der Landser.

Er hat in Afrika geschwitzt,
in Norwegen gefroren.
Er hat dem Feind den Sieg stibitzt,
den Krieg jedoch verloren. –

Er war ein großer General!
Sein Ruhm ging in die Binsen;
man kennt ihn heute nicht einmal
dort, wo er wohnt: in Winsen.

DIE SUCHE NACH DER WAHRHEIT WURDE BEI WINTEREINBRUCH ABGEBROCHEN

KREUZ UND QUER

Es sprach der junge Rittersmann:
»Was fang ich bloß zu Hause an?
Knapp, packe Sack und Kisten!
Wir ziehen an das Kriegsgewand
und ziehen aus ins Morgenland
im Namen aller Christen!«

Gesagt, getan! Sowohl der Knapp
als auch der Ritter reisten ab.
Sie reisten und sie reisten!
Sie trafen Regen, Sturm und Blitz;
jedoch im Morgenland die Hitz,
die störte sie am meisten!

Die trugen stolz der Rüstung Zier
und auch den Helm mit dem Visier,
obwohl sie transpirierten.

Und stand die Sonne im Zenit,
dann sangen sie ein frommes Lied –
das half, wenn sie marschierten!

Sie schlugen trotz der Übermacht
des Feindes ihn in einer Nacht
mit Mann und Ross und Wagen!
Es starb so mancher Heidenhund
im heißen Wüstensand aufgrund
der Kirche sozusagen.

Nach siebzehn Monden zogen dann
der Knappe und der Rittersmann
mit Sack und Pack und Kisten
heim ins gelobte Abendland
und zogen aus das Kriegsgewand
und wurden wieder Christen!

LÖWENZAHN

Löwenzahn ist schon seit jeher
als höchst kriegerisch verschrieen,
denn er lässt bei gutem Winde
Fallschirmtruppen feindwärts ziehen.
Und ich sitz auf der Veranda
und verzehre meine Suppe
und entdecke in derselben
zwei Versprengte dieser Truppe.

HEINRICH VIII. WAR SCHON ALS KIND ETWAS SCHWIERIG.

DER PRÄSIDENT AUF DEM WEG ZU SEINEM ÜBERAUS POPULÄREN NOVEMBERBAD IN DER MENGE.

AFFIG

Was uns vom Affen unterscheidet
ist nur der Fakt, dass man sich kleidet.
Warum man sonst Textilien macht,
das hat noch keiner rausgebracht.
Wenns Publikum zu lachen liebt,
lachts oft, wo's nichts zu lachen gibt.
Warum es jetzt zum Beispiel lacht,
das hat noch keiner rausgebracht.

PS
Eitle Männer sind wie Kleiderständer,
an denen nichts hängt.

DER WAHLREDNER

Wenn er das Rednerpult betritt
mit kühner Stirn und weitem Schritt,
zieht er zunächst gekonnt kokett
das Manuskript aus dem Jackett
und fängt gleich an, draus vorzulesen,
was ist, was wird und was gewesen.

Doch langsam wird der Redner kleiner,
denn er entdeckt – und nicht erst heute:
vor ihm sitzen zwar viele Leute,
doch hinter ihm – steht keiner ...

GEDANKEN AN DER OSTSEE

Wie wär die Welt so wunderbar,
umspült vom blauen Meere,
wenn diese Welt, wie's einstmals war,
ganz ohne Menschen wäre.
Dann gäb's kein Hoffen, kein Verzicht,
kein Hassen und kein Morden,
und wär bestimmt auch dies Gedicht
nicht hingeschrieben worden.

SEHNSUCHT

Ich sehne mich nach einem Häuschen
in Bayern oder an der Spree,
ein Zimmer braucht es nur zu haben,
dazu ein Bad und ein WC.
Im Zimmer würde ich notieren,
was ich beim Baden grad gedichtet,
und im WC würd dann das Machwerk
von mir gleich hinterrücks vernichtet.

Es dürfte keine Steuern geben,
kein Zahnweh, keine Schützengräben,
dann wär auf dieser Welt das Leben
vielleicht noch schöner als wie eben!

»NEBEN DER UNVERBAUBAREN AUSSICHT HAT DAS GRUNDSTÜCK NOCH EINEN REIZ: DIE GRUNDSTEUER WIRD LAUFEND SINKEN!«

DER ALBTRAUM VOM LANDENDEN HAMBURGER
VERFOLGTE DEN KOCH NOCH WOCHENLANG!

GESCHMACK

Leute, die etwas vermögen, erwerben sich oft ein solches.
Aber je unverständlicher ein Werk ist, desto höher bewertet man es und befreit es sogar von der Vergnügungssteuer, wohl deshalb, weil es dem Hörer meist kein Vergnügen bereitet, einem solchen Werk beizulauschen.
Übrigens gibt es viel mehr traurige als fröhliche Werke, und das ist eigentlich traurig, denn man macht ernsthafte Dinge nicht dadurch fröhlicher, indem man sie ernsthaft behandelt. Nur fröhliche Dinge sind es wert, ernsthaft behandelt zu werden.
Ein ernsthafter Andersdenkender wird nun zuerst sich empört vom Sitz, dann seine Stimme und schließlich Einspruch erheben. Aber die Meinungen über Geschmack sind nun einmal schwerer unter einen Hut zu bringen als die Völker der Schweiz, die vor vielen, vielen Jahren vor einem Hut den Hut oder die Konsequenzen haben ziehen müssen. Wie dieser Wilhelm Tell, der bekanntlich in den sauren Apfel biss, indem er durch ihn hindurchschoss.
Ob nun sauer oder weniger sauer – es ist zum Schießen, wie verschieden der Geschmack ist, besonders was die Hörspiele betrifft, die ja regelmäßig wiederkehren wie die braven Hausfrauen, die auch regelmäßig wieder immer wieder kehren, bis die gute Stube glänzt, wie meine Hose oder wie das wahre Glück durch Abwesenheit.

Ich finde solche, die von ihrem Geld erzählen,
und solche, die mit ihrem Geiste protzen,
und solche, die erst beten und dann stehlen,
ich finde solche, Sie verzeihn, zum Kotzen.

DIE POLIZEI IM WANDEL DER ZEITEN

Solange wir Menschen auf Erden leben,
hat es schon immer Polizei gegeben!

Es ist ja bekannt, dass der erste Polizist
der Erzengel Gabriel gewesen ist.
Er hat uns, so steht es im Buche geschrieben,
eines Apfels wegen aus dem Paradiese vertrieben.
Seitdem fühlt die Polizei – grad bei Kleinigkeiten –
sich bemüßigt, gar strenge einzuschreiten!

Schon im alten Rom – so vor 2000 Jahren –
wurde manchmal etwas zu schnell gefahren,
also war's klar, dass der uniformierte
Beamte sich erst mal die Nummer notierte.
Dann drohte er mit erhobenem Finger
und sagte: »Na, Sie machen ja schöne Dinger!«
Hierbei bediente er sich, wie alle Einwohner Roms,
natürlich des lateinischen Idioms.

Die Jahrhunderte waren dahingegangen
und das 20. hatte angefangen!
Es wuchs die Bildung, der Schnurrbart, die Gartenlaube,
es wuchs aber auch die Pickelhaube!
Es hagelte Schimpfe und Strafmandate:
Die Polizei war ein richtiger Staat im Staate!
Und die Bürger sagten zwischen Weinen und Lachen:

»Nee, mit *dem* Staat ist kein Staat zu machen!«
Das 2. und 3. Reich waren zerronnen!
Es war alles verloren – nur *eines* gewonnen,
nämlich die Überzeugung: Es muss hier auf Erden
alles – auch die Polizei muss anders werden!

Sie hat sich entbartet, sie hat sich entpickelt,
sie hat sich zum Freunde und Helfer entwickelt!
Hilft freundschaftlich tragen des Bürgers Last:
Sie fasst nicht mehr *fest* – sie fässt nur noch *fast!!*
Sie drückt oft ein Auge zu bei kleinen Vergeh'n,
von den vielen Ausnahmen natürlich abgeseh'n!

PRESSEFREIHEIT

Donnerstag
Der Wecker weckt, wie üblich, um sieben.

Du hast dir den Schlaf aus den Augen gerieben
und gehst dich waschen, vielleicht sogar baden,
auch eine Rasur kann heute nichts schaden.
Du ziehst dich, leis trällernd, sorgfältig an
und schreitest hinunter, ganz Vater, ganz Mann!
Begrüßt deine Frau, deren Sohn, dessen Schwestern –
du kennst sie ja schließlich noch alle von gestern –,
und so nehmt ihr denn Platz an dem Frühstückstisch. –

Der Kaffee ist warm, die Brötchen frisch.
Das Ei ist weich. – Du schmierst dir gerade
aufs Brötchen erst Butter, dann Marmelade,
da fällt – unter des Sehnervs bewährter Leitung –
dein Blick auf die heutige Morgenzeitung
und liest eine Schlagzeile, so wie diese:

Ein neuer Weltkrieg droht!
Es kommt eine Krise!!!

Kaum hast du das in dich aufgenommen,
schon ist der Kaffee dir hochgekommen!
Das Brötchen bleibt dir im Halse stecken,
und das Ei will nun auch nicht mehr richtig schmecken!
Dein gütiges Vaterlächeln ist jäh erstorben –
kurzum, deine Laune ist gründlich verdorben!

So schleichst du denn, deprimiert und nicht froh,
in dein Büro.

Freitag

Der Wecker weckt, wie üblich, um sieben.

Er hat dich recht roh aus dem Bette getrieben.
Du wäschst dich nur flüchtig und nur, wo es wichtig,
und rasierst dich auch gar nicht so richtig.

DEUTSCHE SEHWEISEN

Du nimmst am Frühstückstisch Platz in Begleitung
deiner Familie und greifst *schon* nach der Zeitung!
Du überfliegst die erste Seite – und suchst
dann auf der zweiten Seite und fluchst,
weil auch auf der dritten und vierten nichts steht,
wie es mit der Krise denn weitergeht!

Endlich, auf der letzten Seite, ganz hinten,
ganz klein gedruckt und kaum noch zu finden,
liest du dann eine Notiz, so wie diese:

> Es kann keine Rede sein von einer Krise!
> Auch sonst sind keine Gefahren vorhanden,
> wir hatten den Redner bloß missverstanden
> und bitten die Leser, die immer geduldigen,
> auch diesmal die Falschmeldung zu entschuldigen!

Nur zögernd glätten sich deine Falten – – –.
Du trinkst den Kaffee, den inzwischen kalten,
dann nimmst du den Löffel und schlägst deinem Ei
fast zärtlich die kalkige Schale entzwei.
Dann greifst du zum Brötchen und schließlich zur Butter
– dasselbe tuen die Kinder, die Mutter –,
und allmählich zieht im trauten Verein
nun auch der innere Frieden ein.

Die Familie ist glücklich. Du bist es wie sie –
bis morgen früh (?) ...

Voller Sanftmut sind die Mienen
und voll Güte ist die Seele,
sie sind stets bereit zu dienen,
deshalb nennt man sie Kamele.

SCHATZCHEN, KOMM
MIT MIR AUF WIESE!

BALTISCHE AUFFORDERUNG *

Schatzchen! Komm mit mir auf Wiese,
Sonnchen strahlt und Blume sprießt!
Über'n Arm nimm Schirm und Mantel,
falls der Fall kommt, dass es gießt!

Unter uns wird Mantel liegen,
unter'm Schirm, da werden wir.
Keiner kann dann nichts was hören,
was ich sag – und was du mir ...

SCHÖNE AUSSICHTEN

Ich habe ein Fenster im Zimmer
(das Fenster, das hatt ich schon immer),
doch lohnte es nie, zum Fenster zu gehn,
denn meine Aussicht ist gar nicht so schön:
nur eine Mietskaserne!

Doch wie ich neulich, ganz aus Versehn,
kam in die Nähe vom Fenster zu stehn,
bemerkte ich plötzlich schräg vis-à-vis
ein weibliches Wesen so schön wie noch nie!

Nun guck ich ziemlich gerne ...

---

* *geeignet ab 18*

GEAHNT HATTE ER ES SCHON LANGE.

HEIMLICHE LIEBE

Wenn ich 'ne kleine Fliege wär,
dann hätte ich es nicht so schwer:
Ich würd mich – ohn dich zu verletzen –
auf deine roten Lippen setzen.
Und würdest du – ohn Überlegung –
durch eine kurze Handbewegung
mich kleines Ding verscheuchen wollen –
ich flöge fort, ohn dir zu grollen.
Und fragt mich meine Frau, die Süße:
»Wieso hast du so rote Füße?«,
dann würd ich rot auch im Gesicht –
doch dich verraten – – – würd ich nicht ...

ZU WENIG

Ich kenne keine Beine,
die schöner wär'n als deine,
deshalb bedaure ich es fast,
dass du nur zweie hast ...

DAS PECHMARIECHEN

Zu Ostern in Hersfeld die Mutter spricht:
»Bald ist es Zeit fürs Festtagsgericht!
Drum gehe, Mariechen, hinab in den Keller
und fülle mit Sauerkraut hier diesen Teller!«

»O Mutter, o Mutter, mir träumte neulich
von einem Mann – der Mann war abscheulich …!
Ach, lass uns den Keller vergessen:
woll'n wir was anderes essen!«

»Mein Kind, mein Kind, ich seh es genau:
Du kommst in die Jahre, wirst langsam Frau,
siehst überall Männer, die lauern –
geh, hol von dem Kraut, von dem sauern!«

Mariechen tut es – sie schreitet hinab,
hinab in den Keller, der finster wie's Grab – !
Hier füllt sie den Teller, den Teller von Blech – –
doch so lang sie auch füllt, 's kommt kein Mann!
So'n Pech! (Darum: Pechmariechen!)

Liebschaften sind wie Pilzgerichte, ob sie
ungefährlich waren, weiß man erst später.

MIRIAM KUNKE_ AUF DER SUCHE NACH EINEM PRINZEN

GEDANKEN AM SAMSTAGABEND

Im Wasser schwimmt der Gummischwamm,
denn heut ist Samstag, und ich bade.
Zwei Zähne fehlen mir am Kamm,
es duftet laut nach Haarpomade. –

Das Wasser tropft ins Abflussrohr,
der Stöpsel scheint nicht gut zu schließen.
Ich habe Seife in dem Ohr
und Hühneraugen an den Füßen. –

Das Wasser ist schon stark getrübt,
nur mühsam wälzen sich die Fluten.
Ich bin seit vorgestern verliebt,
da hilft kein Blasen und kein Tuten. –

VON A BIS E

Herr Afeu frug Herrn Befeu:
»Wo bleibt denn bloß Herr Cefeu?«
Da sprach Herr Befeu: »Cefeu?
Der sitzt mit Fräulein Defeu
dort unten hinterm Efeu!«

BIN ICH VERLIEBT?

Gestern Nacht war Wetterleuchten,
und wir saßen an dem Strand,
und die Wellen rauschten leise,
und ich drückte ihr die Hand.
Und dann wollt ich etwas sagen,
und ich sah ihr ins Gesicht,
und da konnt ich es nicht sagen,
nein, ich konnt es nicht!

Bin ich verliebt? Vielleicht auch nicht!
Vielleicht auch doch, kann sein, vielleicht!
Warum vielleicht? Vielleicht bestimmt?
Vielleicht auch nicht, vielleicht?

Jeden Morgen schmeckt mir der Kaffee
ganz besonders fein,
aber heute, weiß der Teufel,
wollt er gar nicht recht herein.
Auch der Duft der Zigarette
ist mir gar nicht angenehm,
und in dem sonst weichen Bette
schlief ich unbequem!

Bin ich verliebt? Wieso verliebt?
Vielleicht auch nicht, vielleicht auch doch!
Kann sein vielleicht, warum vielleicht?
Vielleicht bestimmt!

Sagen Sie mir, meine Herren,
im Vertrauen: ist das so,
dass, wenn man in wen verliebt ist,
man mehr traurig ist als froh?
Sagen Sie mir, meine Damen,
war es dumm, dass ich nicht sprach,
wo sie doch am Meeresstrande
dicht daneben lag?

Bin ich verliebt? Und wenn, bestimmt!
Warum vielleicht? Es kann doch sein!
Vielleicht auch nicht. Vielleicht auch doch,
vielleicht!

Es darf kein Äußerstes geben, zu dem wir nicht entschlossen wären, und keine Lauer auf der wir nicht lägen.

HERR B. LAUERT AUF IRGENDWEN, DER SICH NEBEN IHN SETZT UND
DEM ER DANN MAL GRÜNDLICH DIE MEINUNG SAGEN KÖNNTE.

EIN OSTERGEDICHT

Wer ahnte, dass zum Weihnachtsfest
Cornelia mich sitzen lässt?

Das war noch nichts: Zu Ostern jetzt
hat sie mich abermals versetzt!

Nun freu ich mich auf Pfingsten –
nicht im Geringsten!

GÄNSEBLÜMCHEN

Ein Gänseblümchen liebte sehr
ein zweites gegenüber,
drum rief's: »Ich schicke mit 'nem Gruß
dir eine Biene rüber!«

Da rief das andere: »Du weißt,
ich liebe dich nicht minder,
doch mit der Biene, das lass sein,
sonst kriegen wir noch Kinder!«

Ich denk nicht gern an jenen Kuss,
den du mir gabst, Helene;
denn wenn ich an ihn denken muss,
dann werd ich müd und gähne.

FRÄULEIN MABEL *

(Der Verfasser bittet, diesen Namen, wie so vieles heute, *Englisch* auszusprechen, also Mebel. Diese Bitte bezieht sich natürlich auch auf die entsprechenden Reimwörter. Danke!)

Alle Frauen, die
mit tausend Reizen ausgestattet,
durch das Weichbild unsrer Stadt lustwandeln, die
habe ich nicht lieb, denn
die sind nicht mein Typ, ich
brauche etwas andres fürs Gemüt. Zum Beispiel:
Fräulein Mabel, die
durch wenig Schönheit ausgezeichnet,
still und unbemerkt durchs Leben schreitet, ist
mir nicht einerlei, und
weil sie mir stets treu, drum
widme ich ihr dieses schöne Lied!

Kennen Sie denn schon das Fräulein Mabel?
Würden Sie sie sehn, würd's Ihnen abel!
Beine hat sie dünn so wie ein Säbel –
meine süße kleine Freundin, Fräulein Mabel.

Kennen Sie denn schon das Fräulein Mabel?
Ausgeschnitten geht sie bis zum Nabel,
deshalb hab ich auch für sie ein Faible –
für die süße kleine Freundin, Fräulein Mabel.
Manche gibt es, die mir heute
dieses stille Glück nicht gönnen
nur deshalb, weil diese Leute
so was nicht verstehen können!
Kennen Sie denn schon das Fräulein Mabel?
Sie bewohnt gleich nebenan 'ne mabel-
ierte kleine Wohnung unterm Gabel –
meine süße kleine Freundin, Fräulein Mabel.

---

* *Dieses Chanson hatte der Verfasser zu Beginn seiner kabarettistischen Tätigkeit ungefähr 3137-mal am Klavier vorgetragen. Er bittet alle Geschädigten, die seinerzeit Zeugen dieses Vortrages wurden, aber heute noch leben, nachträglich um Verzeihung.*

DER STRICH IN DER LANDSCHAFT IST ÜBRIGENS FRAU HÄCKEL NACH IHRER DIÄT.

KALLE BEGERT BEI SEINEM ANTI-FLUGANGST-TRAINING

DER RÖTLICHE MARS UND DIE VENUS

Früher zogen Mars und Venus
– wann es war, kann man nur ahnen –
eng bei'nander und in Liebe
ihre vorgeschrieb'nen Bahnen.

Plötzlich kam ein fremder Körper,
der sich zwischen beide zwängte
und den Mars von seiner Venus
– oder umgekehrt – verdrängte.

Dieser Fremdling war die Erde!
Und sie machte sich noch breiter,
und der Mars entschwand der Venus
immer weiter, immer weiter.

Und die Sehnsucht nach der Freundin
hat den Mars schon fast getötet;
doch – erblickt er sie von ferne,
sehn wir, wie er noch errötet ...

Ich kann nichts dafür, dass der Mond schon scheint,
und dass nicht der Mond seinen Mondschein schont,
und dass Frau Adele im Wohnheim weint,
weil sie nicht wie früher in Weinheim wohnt.

LUISEN-STRASSE 13

Luisenstraße dreizehn
ist bloß ein graues Haus,
doch kriegen mich zehn Pferde
nicht aus dem Haus heraus!
Scheint dort auch nie die Sonne
und pfeift durchs Dach der Wind,
ich habe meine Gründe,
und diese Gründe sind:

Sie wohnt im dritten Stock,
ich wohn im vierten Stock,
in einem Häuserblock
in der Luisenstraße.
Sie ist 'ne Tippmamsell,
und ich bin Junggesell,
kann's wundern, dass ich schnell
gleich Feuer fasse?

Ich sitz dann abends in dem Zimmer
und wird's noch so spät,
ich höre dann ganz deutlich,
wie sie unten schlafen geht,
bei sich im dritten Stock!
Ich wohn im vierten Stock,
in einem Häuserblock
in der Luisenstraße.

SCHAL UND RAUCH

Und der Rauch der Zigarette
kräuselt sich und steigt zur Decke,
und da oben wird er breiter.

Und nun sieht er deinem blauen
Schal so ähnlich, dem ich zürnte,
weil er *das* tat, was du ständig
mir verbotest, nämlich dieses:
dich ganz zärtlich zu umhalsen.

Doch nun ist der Rauch verflogen.
Nichts erinnert an den Schal mehr,
höchstens der Geschmack im Munde,
den ich habe, weil er schal ist.

EINE VERFAHRENE GESCHICHTE

Ich sah dich in der Straßenbahn,
sah dich von allen Seiten an,
doch du, mein Schatz, du machtest dir nichts draus!
Ich bot dir meinen Sitzplatz an,
weil ich ja auch mal stehen kann,
doch du, du sagtest »danke« und stiegst aus!
    Dies »danke«, oh, gab mir den Rest ...
    Du bist's, die mich nicht schlafen lässt!
Nun fahr ich mit der Straßenbahn,
wann immer ich nur fahren kann,
doch leider, Schätzchen, treffe ich dich nie!
Mich fragte schon die Schaffnerin,
ob ich wohl nicht bei Troste bin,
doch was, ich bitte Sie, versteht denn die?
    Vor Kummer bin ich schon ganz dumm ...
    Vielleicht ist's besser, ich steig um?
Nun fahr ich mit dem Autobus,
wann immer ich nur fahren muss,
doch leider werd ich deiner nicht gewahr!
Bist du am Ende gar erkrankt?
Vielleicht verreist? Bist du in Sankt
Maurice, läufst Ski und abends in die Bar?
Werd ich nicht bald *verrückt* vor Qual,
dann bin ich wirklich nicht *normal!*

HERR P. MACHT WIEDER MAL DEUTLICH, WIE ES UM
SEIN INNERSTES BESCHAFFEN IST.

KLITZMANNS HATTEN BEI DER BESTELLUNG DER NEUEN SITZGRUPPE
DIE BEZEICHNUNG »JUNIOR-LINE« ÜBERSEHEN!

AM KAMIN

Es gibt recht viele, die noch immer
vom englischen Kamine schwärmen.
Er kann so leidlich zwar das Zimmer –
doch ich mich nicht für ihn erwärmen.

Wenn ich vor solchem Möbel sitze
– ich muss das wirklich mal erwähnen –,
so hab ich vorne große Hitze
und klapp're hinten mit den Zähnen. –

Sitzt du jedoch bei mir ganz dicht,
legst um mich deinen lieben Arm,
dann gilt das, was ich sagte, nicht – – –
dann hab ich es auch hinten warm!

DER FELS

Wenn dir ein Fels vom Herzen fällt,
so fällt er auf den Fuß dir prompt!
So ist es nun mal auf der Welt:
Ein Kummer geht, ein Kummer kommt ...

Die Meisten Ehen scheitern an
Unterhosen und Lockenwicklern.

DAS FENSTER

Es traf sich so, dass sie sich trafen.
Er fragte, ob – – –, sie sagte: »Nein,
es geht nicht, meine Eltern schlafen!«
Dann ließ sie ihn zum Fenster rein.

Es zog durchs Fenster … Nun, man schloss es …
Nun zog es nicht mehr … Man genoss es …

Doch als sie sprach: »Geliebter Gangster,
wir sind verlobt, nun bist du mein«,
schlug er von innen erst ihr Fenster
und dann den Weg nach Hause ein.

UNTERSCHIED

Wir fuhren einst zusammen
tagtäglich mit der »Zehn«,
jetzt fahren wir zusammen,
wenn wir uns wiedersehn!

HERR KÖLBEL ÜBERLEGT GERADE, WANN ER SEINE FRAU ZUM LETZTEN MAL »SÜSSES BIENCHEN« GENANNT HABEN KÖNNTE.

MANCHMAL ERKENNT MAN PAAR-PROBLEME AUF DEN ERSTEN BLICK.

DIE GARDINENPREDIGT

An den blumigen Gardinen
hängen Reste deiner Predigt,
und seitdem du sie gehalten,
bin ich für die Welt erledigt.
Einsam schleich ich durch die Landschaft.
Und der Schwager und die Nichten
zeigen nun auf mich mit Fingern,
statt mich wieder aufzurichten.
Bis zur nächsten großen Wäsche
muss ich meine Wohnung meiden,
denn ich kann diese Gardinen,
die geblümten, nicht mehr leiden.

POLYGAM

Wenn einer viele Fraun sich nahm,
so nennt man so was „polygam“,
genügt ihm aber eine schon,
nennt man den Zustand „monoton“.

DER KEUSCHE JOSEF ODER DER HEFTLING

EIN THEATERSTÜCK

Personen:
Der Herr Professor, über 60
Die Frau Professor, unter 30
Josef, über 17, aber unter 19

PROFESSOR: *(mit Vollbart und Kneifer)* Köstlich war die dampfende Mahlzeit, die du, vortreffliche Hausfrau, mir brietest. Gerne nun würde der Ruhe ich pflegen, leider doch muss ich des Bleibens entraten.

FRAU PROF.: Mit anderen Worten, du willst wieder gehen?

PROFESSOR: Das Wollen hat hier sekundäre Bedeutung, das Müssen ist das, was mich schmerzlich berühret ... Eine wichtige Lehrerkonferenz erheischt meine Anwesenheit. – Jedoch, in einer schwachen Stunde bin ich wieder bei dir!

FRAU PROF.: Das freut mich, Edi!

PROFESSOR: Dann ist es gut! Oder wie sagt schon der Lateiner? Er sagt: sub aqua, sub aqua, maledicere temptant!

FRAU PROF.: Gewiss, Edi!

PROFESSOR: Halt, noch eins! In Bälde wird der Primus meiner Prima erscheinen, um mir die Klassenhefte zu übergeben, auf dass ich sie korrigiere. Empfange du sie und ihn, und sei freundlich zu dem jungen Mann! Sein Vater ist Oberpostsekretär!

FRAU PROF.: Ich werde freundlich zu ihm sein. Vielleicht kriegen wir dann die Briefmarken billiger?!

PROFESSOR: Eben! *(blickt aus dem Fenster)* Doch schau! Es naht bereits der Jüngling mit den Heften! Adieu! *(ab)*

FRAU PROF.: Adieu, Edi!

– Kurze Pause –

JOSEF *(auf mit Heften unter dem Arm. Bleibt an der Tür stehen)*

FRAU PROF.: Aber so kommen Sie doch näher!

EIGENTLICH WOLLTE HERR EHMER NUR SCHERZHAFT DARAN ERINNERN,
DASS ES SEIT GENAU 40 JAHREN JEDEN MONTAG HÜHNERSUPPE GIBT.

GABI P. HÄLT NICHTS VON PARTNERAGENTUREN UND INTERNET.

JOSEF: Ich bin der Heftling.

FRAU PROF.: Was, bitte, sind Sie?

JOSEF: Ich bin der Jüngling mit den Heften.

FRAU PROF.: Ach so, legen Sie sie nur dorthin.

JOSEF: *(tut es, will ab)* Auf Wiedersehn!

FRAU PROF.: Aber, aber! Warum denn so eilig? – Wie heißen Sie denn, Sie Schnellhefter?

JOSEF: Josef.

FRAU PROF.: Mit f oder ph?

JOSEF: Mit J.

FRAU PROF.: Josef ist ein schöner Name. – Nehmen Sie doch etwas Platz, Josef! – Trinken Sie eine Tasse Tee mit mir?

JOSEF: Nein, danke! Ich habe erst vorgestern Tee getrunken ...

FRAU PROF.: *(lächelnd)* Ja dann ...! – So setzen Sie sich doch wenigstens!

JOSEF: *(bleibt stehen)*

FRAU PROF.: Darf ich Ihnen einen Keks anbieten? Oder haben Sie keinen Appetit?

JOSEF: Danke! Ich bin im Moment völlig unappetitlich.

FRAU PROF.: Ich hörte von meinem Mann, Sie seien der Primus Ihrer Prima?!

JOSEF: Jawohl!

FRAU PROF.: Das ist ja prima ... Allerdings habe ich mir einen Primus immer viel feuriger vorgestellt ... Wie alt sind Sie eigentlich?

JOSEF: Achtzehn.

FRAU PROF.: Sie sind so hübsch und noch so herrlich jung, Josef! ...

JOSEF: Früher war ich *noch* jünger ...

FRAU PROF.: Gefalle ich Ihnen gar nicht, Josef?

JOSEF: Doch, ganz nett ...

FRAU PROF.: Haben Sie eigentlich schon mal geküsst, Josef?

JOSEF: Nein, das haben wir noch nicht gehabt ...

*Licht aus**

---

* *Um Missverständnissen vorzubeugen: Dieses »Licht aus« heißt so viel wie »Vorhang zu« und nicht, dass die Frau Professor es jetzt lieber dunkel gehabt hätte ...!*

FRAU WIRTIN

Frau Wirtin hatte einen Tänza,
den kriegte, ach, die Influenza
in ihre bösen Fänge.
Nun lag mit vierzig er im Bett –
na, das war ein Gedränge ...

Frauen sind die Juwelen der Schöpfung.
Man muss sie mit Fassung tragen.

DREI BILDER

Zwei Bilder hängen, ach, an meiner Wand.
Das eine ist als »Eremit« bekannt,
das andere hingegen
zeigt eine Landschaft nach dem Regen.
Das dritte Bild ist nicht zu sehn,
doch trotzdem ist es wunderschön,
nie würd ich den Verlust verschmerzen:
Das dritte Bild trag ich im Herzen!

AUCH FRAU HILBERTS ORIGINAL BRASILIANISCHES
KARNEVALSKOSTÜM KONNTE IHRE EHE NICHT MEHR RETTEN.

DIE BREMERS ÜBEN SCHON MAL DEN ERNSTFALL.

WAS WÄR …

Was wär ein Apfel ohne –sine,
was wären Häute ohne Schleim,
was wär die Vita ohne –mine,
was wär'n Gedichte ohne Reim?

Was wär das E ohne die –lipse,
was wär veränder ohne –lich,
was wären Kragen ohne Schlipse,
und was wär ich bloß ohne dich?

BILANZ

Wir hatten manchen Weg zurückgelegt,
wir beide, Hand in Hand.
Wir schufteten und schufen unentwegt
und bauten nie auf Sand.
Wir meisterten sofort, was uns erregt,
mit Herz und mit Verstand.
Wenn man sich das so richtig überlegt,
dann war das allerhand.

ANHÄNGLICHKEIT

Das Kind hängt an der Mutter,
der Bauer an dem Land,
der Protestant an Luther,
das Ölbild an der Wand.
Der Weinberg hängt voll Reben,
der Hund an Herrchens Blick,
der eine hängt am Leben,
der andere am Strick ...

HARTE SCHICKSALE

Wer sich mal in die Nesseln setzt,
ist erst erschrocken, dann verletzt,
erhebt sich mühevoll und schreit
nach bessrer Sitzgelegenheit.

Den Nesseln, auch wenn sie schön blühn,
sind weiche Stühle vorzuziehn.
Auf Weichem sitzt man stets apart ...

Nicht weich zu sitzen, das ist hart!

ÜBERRASCHUNG! FRAU SEMMEL STELLT IHREM MANN
IHREN NEUEN LEBENSPARTNER VOR.

ABENDFRIEDEN

Die Oma murmelt leise vor sich her –
sie spricht mit Opa, doch den gibt's nicht mehr …
Im Bettchen nebenan schläft süß das Kind …
Die Mutter strickt … Der Vater spinnt …

GROSSMAMAS LIED

Ich sitze da und stricke Strumpf. –
Und unterm Hause ist ein Sumpf.
Drum steht das Haus nach vorn geneigt,
so wie ein Geiger, wenn er geigt.
Ich seh Musik ganz in der Ferne
und höre über mir die Sterne,
das klingt in meinem Kopf so dumpf.
Ich sitze da und stricke Strumpf. –

BEI OPA

Der Opa ist ein frommer Mann
und liest in seiner Bibel.
Die Oma schneidet nebenan
fürs Abendbrot die Zwiebel.
Der Opa ist ein frommer Mann
und weint ob seiner Sünden.
Auch Omama weint nebenan,
jedoch aus ander'n Gründen.

VERZICHTEN SIE WÄHREND KUNSTFLUGVERANSTALTUNGEN
ODER BALLONFAHRTEN AUF FAMILIENFOTOS!

PAPPIS WIEGENLIED

Schlafe ein, mein Schätzchen,
und träum von einem Kätzchen,
von Püppchen, bunten Steinchen,
schlafe ein, schlaf, Kleinchen!
Schlafe ein, mein Bübchen,
ein Engel geht durchs Stübchen
ganz leis auf nackten Beinchen,
schlafe ein, schlaf, Kleinchen!
Während nun der gute Mond am Himmel lacht,
sitzt dein Papi hier am Bettchen und bewacht
dich, mein holdes Schätzchen.
Es schlafen schon die Kätzchen,
die Püppchen und die Steinchen,
schlafe ein, schlaf einchen!

EIN KINDERLIED

Eiapopeia, was raschelt im Stroh?
Das sind die lieben Mäuschen, die freuen sich so,
denn die Katze ist krank. Nun ringeln sie's Schwänzchen
und heben das Köpfchen und machen ein Tänzchen,
drum raschelt's auch so in dem Stroh.
Eiapopeia, eiapopo.

FRÜHESTE KINDHEIT

Die Überschrift verbrachte ich in *Riga,* wo ich quasi zweimal zur Welt kam: am 7. Februar nach russischer und am 20. Februar nach hiesiger Zeitrechnung.

Im Datum, das muss man den Russen lassen, waren sie uns entschieden voraus!

Während in jenen Tagen Mütterchen Russland von Väterchen Zar beherrscht wurde, wuchs *ich* ziemlich unbeherrscht auf; denn meine Eltern waren meine Großeltern.

Sie waren so gut zu mir, dass es schon wieder schlecht war! Wenn ich, Gott behüte, nur einmal nieste, musste ich für eine Woche ins Bett, und hustete ich gar, für zwei Wochen! Schließlich war ich derart verweichlicht, dass ich nur noch nieste oder hustete – oder beides.

Trotzdem erinnere ich mich eines Tages, an dem ich nicht im Bett lag.

Er war herrlich warm, und ich tollte mit meiner Njanja – so hießen die dortigen Kindermädchen – im Garten herum, obwohl die Njanja wahrscheinlich viel lieber ruhig dagesessen hätte ...

Auf der Terrasse aber saß Großmütterchen und häkelte. Oder strickte.

Sie saß auf einem Klappstühlchen, und an einem Bein (des Klappstühlchens) war unser Mops Doggi angebunden. Plötzlich musste er eine Möpsin oder etwas in der Art auf der vorüberführenden Straße gewittert haben ...! Kurz und gut – oder vielmehr gar nicht gut: Er nahm einen gewaltigen Anlauf und raste mitsamt dem Klappstühlchen – aber ohne Oma – von dannen!

Großmütterchen hatte inzwischen auf den harten Steinen der Terrasse Platz genommen, worüber ich in unbändiges Lachen ausbrach – ein Beweis für meinen schon damals stark ausgeprägten Sinn für Humor ... Großmütterchen hatte aber keinen! Nachdem sie sich mithilfe der Njanja erhoben hatte, erhielt ich die erste Ohrfeige meines Lebens – nicht ahnend, wie viele Ohrfeigen ich späterhin von anderen noch würde einstecken müssen ...

Natürlich fing ich jämmerlich zu weinen an. Das wiederum rührte Großmütterchen. Sie nahm mich auf ihren ausgedehnten Schoß und drückte mein Gesicht an ihre ebensolche Brust.

Als ich mit dem Weinen nachließ und das Antlitz wieder erhob, war ich völlig schwarz: Die Pailletten von Großmütterchens Kleid hatten abgefärbt ...

Nun war es an Großmütterchen, herzlich zu lachen! Überhaupt zeichnete sich unser Garten durch Lachen aus – besonders nach starken Regenfällen ...

ONKEL JOJO UND TANTE LIZZY BESUCHEN UNS NUR GANZ SELTEN, BRINGEN MIR ABER IMMER WAS MIT – DIESMAL EIN COOLES T-SHIRT!

»WIR MÖCHTEN VON UNSEREM RÜCKGABERECHT GEBRAUCH MACHEN, MEIN MANN MÖCHTE DOCH LIEBER EINEN HUND!«

KINDER

Kinder haben es so leicht,
haben keine Sorgen,
denken nur, was mach ich *jetzt,*
nicht, was mach ich *morgen ...?*

Kinder haben es so schwer,
dürfen niemals mäkeln
und sich wie der Herr Papa
auf dem Sofa räkeln ...

Kinder haben es so leicht,
dürfen immer spielen,
essen, wenn sie hungrig sind,
weinen, wenn sie fielen ...

Kinder haben es so schwer,
müssen so viel lernen und,
wenn was im Fernsehn kommt,
sich sofort entfernen ...

Kinder haben es so leicht,
naschen aus der Tüte,
glauben an den lieben Gott
und an dessen Güte ...

Kinder haben es so schwer,
müssen Händchen geben
und auf dieser blöden Welt
noch so lange leben ...

IN EILE

Kaum warst du Kind, schon bist du alt.
Du stirbst – und man vergisst dich bald.
Da hilft kein Beten und kein Lästern:
Was heute ist, ist morgen gestern.

»REGT EUCH NICHT AUF! UNSER LEHRER SAGT IMMER,
DASS WIR IN EINER WERTELOSEN GESELLSCHAFT LEBEN.«

SCHULE

Die Schule ist, das weiß man ja,
in erster Linie dazu da,
den Guten wie den Bösewichtern
den Lehrstoff quasi einzutrichtern;
allein – so ist's nun mal hienieden:
Die Geistesgaben sind verschieden.

Mit Löffeln, ja sogar mit Gabeln
frisst *Kai* die englischen Vokabeln;
Karl-Heinz hat aber erst nach Stunden
die Wurzel aus der Vier gefunden.

Und doch! *Karl-Heinz* als »dumm« verschrien,
wird Chef – und man bewundert ihn,
und *Kai,* in Uniform gezwängt,
steht an der Drehtür und empfängt
und braucht in Englisch höchstens dies:
»Good morning, Sir!«, und manchmal: »Please!«

Hieraus ersieht der Dümmste klar,
dass der, der »dümmer«, klüger war!

Man gab uns mancherlei auf Erden:
Zum Denken gab man uns die Stirn,
man gab uns Herz- und Leibbeschwerden,
doch auch den Himmel und den Zwirn.

DIE MAURITIUS

Herr Heinrich Franz von Ohnegleichen,
der sammelte gern Postwertzeichen
mit Zähnen und mit glatten Rändern
aus Übersee und andern Ländern
und klebte sie – alle vereinigt,
jedoch geordnet und gereinigt –
ins Album, wie man das so muss!
Nur fehlte die *Mauritius!*

Was hatte er nicht unternommen,
um diese Marke zu bekommen!!!
Ja, selbst als er der Minne frönte
mit Minna, die ihn arg verwöhnte,
so fragte er bei jedem Kuss:
»Hast du nicht die *Mauritius?*«

Bald brachte beiden Adebar
ein Kind, das zwar ein Mädchen war,
doch Heinrich fasste den Entschluss:
»Die nennen wir *Mauritius!* –

Gewiss, der Name passt nicht recht
für'n Kind von weiblichem Geschlecht –
doch sei's! Zu End sei der Verdruss:
Ich hab eine *Mauritius!*« –
Sehr früh schon ging das Mädchen gern
in Bars, damit es tanzen lern
und dadurch körperlich erstarke!
Na, sie wurde vielleicht 'ne Marke – – –

MAL TRUMPFT MAN AUF, MAL HÄLT MAN STILLE …

»… UND ICH SAG NOCH: DIE LÖFFEL NACH RECHTS, MEIN GOTT, NACH RECHTS!«

WALTERS ALTES PROBLEM: ER ERTRÄGT ES NICHT, WENN EIN ANDERER RECHT HAT!

RECHTSCHREIBUNG

Delfine schwimmen schnell und leis
(man schreibt sie mit »ph« – ich weiß;
doch schreibt man ja auch Tele»f«on,
und das bereits seit langem schon) –
sie schwimmen (wie gesagt, mit »f«) –
sie schwimmen – vorn ihr alter Scheff
(wir schreiben schließlich auch »Schofför«) –
sie schwimmen also durch das Meer.

Was heißt durchs »Meer«? – Sogar durch »Meere«!
Und manche altgediente Mähre,
wie überhaupt so manches Ferd
(mit »V« wär es *total* verkehrt)
glaubt, es sei so schnell wie ein Delphien!
(Das zweite »e« ist schlecht für ihn.)

Ortogravieh – das sieht man hier –
ist nicht ganz leicht für Mensch und Tier!

Mal trumpft man auf, mal hält man stille,
mal muss man kalt sein wie ein Lurch,
des Menschen Leben gleicht der Brille:
Man macht viel durch!

WANDSPRUCH

Die Arbeit ist oft unbequem,
die Faulheit ist es nicht, trotzdem:
Der kleinste Ehrgeiz, hat man ihn,
ist stets der Faulheit vorzuziehn!

DER GROSSE WEISSE VOGEL

Die Sekretärin, die ich hab,
heißt Fräulein Vera Kleinzig.
In Sachen Schminke und Frisur
und Kleidung ist sie einzig!
Doch stets guckt sie mich dämlich an,
wenn ich sie etwas frage,
und tippt sie einen Brief, braucht sie
dafür genau zwei Tage!
Und wenn sie einen Kaffee kocht –
na, das ist ein Gebräue ...!
Doch ich bin immer nett zu ihr:
Man kriegt so schwer 'ne neue!
Drum: »Großer, weißer Vogel« nenn
ich sie, wenn sie wie 'n Zwerg schafft –
denn: Sag ich »dumme Gans« zu ihr,
dann geht sie zur Gewerkschaft!

NACH DER PANDEMIE MÖCHTE HERR KÖHLER AUF KEINEN FALL
AUF SEINEN HOME-OFFICE-KOMFORT VERZICHTEN!

CHOR DER MÜLLABFUHR

Kommt! Lasset von Tonne zu Tonne uns eilen!
Wir wollen dem Müll eine Abfuhr erteilen!

Auf! Machen wir, dass jede Tonne sich leere!
Wir sind dazu da, denn wir sind Müllionäre!
Müllirallala, Müllirallala!

EINE BEOBACHTUNG

Herrn, die allein, aber dafür zur späten
Stunde, eine Bar oder so was betreten,
reiten meist ein und dieselbe Masche:
Eine Hand steckt in der Hosentasche!

Ist das nun einfach Verlegenheit
oder ein Akt von Verwegenheit?
Wissen sie nicht »mit den Händen, wohin«
oder soll's heißen »seht her, wer ich bin«?!

Möglich ist auch: Diese Herren von Welt
zähl'n noch mal heimlich ihr Taschengeld ...

UNTERNEHMER FRIEDRICH KURZHOLZ BEI DER KONSEQUENTEN
SUCHE NACH INNOVATIONSANSÄTZEN

DAS STECKENPFERD

Der eine liebt Konkretes nur,
der andre das Abstrakte,
der Dritte schwärmt für die Natur
und deshalb für das Nackte.
Der Vierte mag nur Fleisch vom Schwein,
der Fünfte Milch und Eier,
der Sechste liebt den Moselwein,
der Siebte Fräulein Meier.
Für jeden gibt es was von Wert,
für das er lebt und streitet,
und jeder hat sein Steckenpferd,
auf dem er immer reitet.

Freunde, hütet euch vor diesen,
die da husten, wenn sie niesen! ...

SEIT IHRER KINDHEIT VERBINDET INGBERT UND FREDDY
IHRE GROSSE LIEBE ZUR SEEFAHRT.

UND WAS HAT HERR STEINER AUS KATAR MITGEBRACHT? 5 LITER HEIZÖL!

FUSSBALL

Vierundvierzig Beine rasen
durch die Gegend ohne Ziel,
und weil sie so rasen müssen,
nennt man das ein Rasenspiel.

Rechts und links stehn zwei Gestelle,
je ein Spieler steht davor.
Hält den Ball er, ist ein Held er,
hält er nicht, schreit man: »Du Toooor!«

Fußball spielt man meistens immer
mit der unteren Figur.
Mit dem Kopf, obwohl's erlaubt ist,
spielt man ihn ganz selten nur.

AN EINEN NICHTSCHWIMMER

Du kannst nicht schwimmen? Ah, deshalb kriegen
dich nicht Baldrian, nicht Kampfer
auf einen Dampfer!
Doch neulich hast du ein Flugzeug bestiegen!
Kannst du denn fliegen? ...

AMPELN

1

Wir hatten einst – die Zeit ist tot –
als Landesfarben Schwarz-Weiß-Rot.

Dann hat man sie nicht mehr gewollt,
und wir bekamen Schwarz-Rot-Gold.

Doch diese übersieht man fast
in unsrer Zeit voll Kampf und Hast.

Die Farben, die sich heute ziehn
durch unser Sein, sind Rot-Gelb-Grün.

2

Wenn wir uns ans Steuer setzen,
um zum Arbeitsplatz zu hetzen,
können wir nur höchstens schleichen,
denn uns hindern viele Zeichen.

Ganz besonders sinds die Ampeln,
die auch Radfahrer beim Strampeln
und selbst Fußgänger, die gämsen-
gleich hinüberwollen, bremsen.

Vom Direktor bis zum Penner
sind wir nichts als Ampelmänner!

3

Dort, wo eine Kreuzung droht,
hat man selten Grün, meist Rot.
Und so schön das Rot auch schien,
man ist diesem Rot nicht grün.

Doch wenn Grün kommt, und man kann,
hat der liebe Vordermann
– solche Fälle sind verbürgt! –
seinen Motor abgewürgt.

Bracht in Gang er endlich ihn,
und man kann, ist nicht mehr Grün.
Schuld ist vorne der »Idiot«! –
Bis man Grün hat, sieht man rot!

AUGE UM AUGE

Stundenlanger Regen nieselt,
und es schmerzt schon das Gesäß,
und die Luft ist eingedieselt
durch die vielen Lkws.

Immer weiter! Keine Liebe
kennt man auf der Autobahn!
Wütend beißt sich das Getriebe
und der Mensch durch – Zahn um Zahn ...

REZEPT

Besitzt du Senkfüße, schluck Pillen,
und du bist platt: Sie helfen gleich!

Auch gegen sonstige Bazillen
gebrauch nicht Fenchel und Kamillen!
Vergiss das Zeugs um Himmels willen!

Des Menschen Pille ist sein Himmelreich!

MEIN FREUND

Er war als Kind oft krank gewesen,
mein Freund, des Grafen Bamm sein Sohn.
Kaum war er von dem Mumps genesen,
bumps, hatte er die Masern schon.
Dann Scharlach, Diphtherie und Pocken,
mal brach er Speise, mal das Bein,
und ging er ohne Schuh und Socken,
so stellte sich gleich Grippe ein.

Die Viren lagen ständig auf der Lauer!
Mein Freund verlor gewaltig an Gewicht.
Er wurde langsam, aber sicher sauer
und starb. – Wer tät das nicht? ...

KEIN ZWEIFEL! SCHMIDTS KLEINE HERZTABLETTEN LAGEN NÄHER AM ZIEL ALS KRAUSES HUSTENPASTILLEN.

»... UND WIEDER NAHM IHM SEIN SCHATTEN ALLEN MUT.«

AUSGEFALLENES

Man hat ganz oben auf dem Kopfe
viel tausend Poren, dicht bei dicht.
Und nun – das ist das Wunderbare:
aus diesen Poren wachsen Haare!!!
Oder auch nicht.

Solange es Haare gibt, liegen sich
die Menschen in denselben.

DIE NASE

Wenngleich die Nas', ob spitz, ob platt,
zwei Flügel – Nasenflügel – hat,
so hält sie doch nicht viel vom Fliegen;
das Laufen scheint ihr mehr zu liegen.

DIE AUGEN

Die Augen sind nicht nur zum Sehen,
sind auch zum *Singen* eingericht'
wie soll man es denn sonst verstehen,
wenn man von Augen*liedern* spricht?

»ICH LASS MIR MEINEN URLAUB DOCH NICHT VON CORONA VERSAUEN.«

DER VIELASS

Ach, ein Unglück ohne Frage
ist das Essen, doch bei Tage
kann der Mensch nicht ohne dem
sein, und das ist unbequem.
Durch des Mundes enge Schleuse
zwängt mit Mühe man die Speise,
bis sie – klein und weich zerlutscht –
tiefer in den Magen rutscht.

Bald bemerkt man, nicht erheitert,
dass der Bauch sich stark erweitert,
und mit sauerem Gesicht
stellt man fest, dass das Gewicht
sich bedenklich hat verschoben,
und zwar leider Gott's nach oben.

Moral:
Alles im Leben geht natürlich zu,
nur die Hose geht natürlich nicht zu!

FAST EINE FASTENKUR

Alte Brötchen. Saure Weine.
Ein Salatblatt. Guss auf Beine.
Hunger nagt im Magen-Sektor.
Und er knurrt. Wie draußen Hektor.

Will nicht mehr gesund und schlank sein!
Will dann lieber dick und krank sein!

Kehrt zurück, ihr großen fetten
Schnitzel oder Schweinskotletten
und auch ihr, ihr Leibbeschwerden!

Bin es satt, nie satt zu werden!

Ich brauche nur fett Gedrucktes zu lesen, schon nehme ich zu.

Nichts wirkt so appetitanregend wie der ärztliche Rat, weniger zu essen.

Das Erste, was man bei einer Abmagerungskur verliert, ist die gute Laune.

ERFREULICH

Es ist gewiss viel Schönes dran
am Element, dem nassen,
weil man das Wasser trinken kann!
Man kann's aber auch lassen – – –

LIEDER DER WÜSTE

1 Die Sonne brütet,
als sei sie ein Vogel,
der auf seinen Eiern sitzt
und schwitzt.
Ein Sandkorn betet.
Es möchte tiefer und tiefer
zu seinen Brüdern sinken
und trinken.
Wie weit ist Nirwana – ?
Über die Düne schreitet
ein Leu.
Blickt sich um, als wär er
hier neu ...
Ich muss weiter, denn
aus der Ferne winken
Fata und Mutta Morgana –

2 Die Oase träumt im Schatten
hoher Palmen, deren Wedel
leise wippen, leise wippen.
Ein paar tote Menschenschädel,
die schon bessre Zeiten hatten,
liegen rum, liegen rum.
Plötzlich kommen zwei Kamele:
erst ein großes schweren Schrittes,
dann ein kleines leichten Trittes.
Sie benetzen ihre Kehle
mit des Tümpels trüber Soße.
Dann enteilen die Kamele:
erst das kleine, dann das große.*

* *Diese Neudichtung eines uralten Studentenulks ist tunlichst am Klavier vorzutragen, wobei das große Kamel durch tiefes „plum-plum", das kleine durch hohes „plim-plim" zu charakterisieren ist. Bei der letzten Zeile empfiehlt es sich, während der Worte „... dann das große" sich vom Klavier zu erheben und wegzugehen. Ein paar lachen dann immer.*

»BEVOR ICH NUN AUF DEN FELS SCHLAGE, NOCH EINE FRAGE: STILLES, MEDIUM ODER CLASSIC?«

URLAUB IM URWALD

Ich geh im Urwald für mich hin …
Wie schön, dass ich im Urwald bin:
Man kann hier noch so lange wandern,
ein Urbaum steht neben dem andern.
Und an den Bäumen, Blatt für Blatt,
hängt Urlaub. Schön, dass man ihn hat!

DORT BIN ICH

Wisst ihr, wo ihr mich stets im Urlaub find't?
Nur immer dort, wo frohe Menschen sind!
Wo auch mal Wind die Birkenbäume biegt
und man auch sonntags frische Brötchen kriegt!

WIE WUNDERVOLL
IST DIE NATUR!

DER FRÜHLING

Wie wundervoll ist die Natur!
Man sieht so viele Blüten,
auch sieht man Schafe auf der Flur
und Schäfer, die sie hüten.
Ein leises Lied erklingt im Tal:
Der müde Wandrer singt es.
Ein süßer Duft ist überall,
bloß hier im Zimmer stinkt es!

HUMANISTISCHES FRÜHLINGSLIED

Amsel, Drossel, Star und Fink
singen Lieder vom Frühlink,
machen recht viel Federlesens
von der Gegenwart, dem *Präsens*.

Krokus, Maiglöckchen und Kressen
haben längst den Schnee vergessen,
auch das winzigste Insekt
denkt nicht mehr ans *Imperfekt*.
Hase, Hering, Kuh und Lachs,

Elke, Inge, Fritz und Max – – –
alles, alles freut sich nur
an dem Jetzt. Und aufs *Futur*.

DER ERSTE FRÜHLINGSSPAZIERGANG LANGWEILT HERRN MÖLLER ZUTIEFST!

GEKLONTES ALPENTAL

DER BERG

Hätte man sämtliche Berge der ganzen Welt
zusammengetragen und übereinander gestellt,
und wäre zu Füßen dieses Massivs
ein riesiges Meer, ein breites und tief's,
und stürzte dann unter Donnern und Blitzen
der Berg in dieses Meer – – – na, das würd spritzen!

DAS ECHO

Das Echo liegt im Felsenspalt
und schläft, mit Schnee bedeckt.
Solang es Winter ist und kalt,

wird es nicht aufgeweckt.
Doch wenn der Schnee geschmolzen ist,
du, lieber Enzian, grünst,
und mutig jodelt der Tourist,
hat's Echo wieder Dienst.

OBEN OHNE

Natur ist immer dort sehr schön,
wo Bäume ihr zu Berge stehn,
und wenn der Wind behutsam leicht
wie'n Kamm durch diese Bäume streicht.

Doch wo die Berge kahl und steinig,
da ist nichts los! – Sei'n wir doch einig,
dass Schönheit meistens nicht viel zählt,
wenn's oben fehlt!

DIE MADE

Hinter eines Baumes Rinde
wohnt die Made mit dem Kinde.

Sie ist Witwe, denn der Gatte,
den sie hatte, fiel vom Blatte.
Diente so auf diese Weise
einer Ameise als Speise.

Eines Morgens sprach die Made:
»Liebes Kind, ich sehe grade,
drüben gibt es frischen Kohl,
den ich hol. So leb denn wohl!
Halt, noch eins! Denk, was geschah,
geh nicht aus, denk an Papa!«

Also sprach sie und entwich. –
Made junior aber schlich
hinterdrein; doch das war schlecht!
Denn schon kam ein bunter Specht
und verschlang die kleine fade
Made ohne Gnade. Schade!

Hinter eines Baumes Rinde
ruft die Made nach dem Kinde ...

NACHMITTAG IM PARK

DIE POLYGLOTTE KATZE

Die Katze sitzt vorm Mauseloch,
in das die Maus vor kurzem kroch,
und denkt: »Da wart nicht lang ich,
die Maus, die fang ich!«

Die Maus jedoch spricht in dem Bau:
»Ich bin zwar klein, doch bin ich schlau!
Ich rühr mich nicht von hinnen,
ich bleibe drinnen!«

Da plötzlich hört sie – statt »miau« –
ein laut vernehmliches »wau-wau«
und lacht: »Die arme Katze,
der Hund, der hat'se!
Jetzt muss sie aber schleunigst flitzen,
anstatt vor meinem Loch zu sitzen!«

Doch leider – nun, man ahnt's bereits –
war das ein Irrtum ihrerseits,
denn als die Maus vors Loch hintritt
– es war nur ein ganz kleiner Schritt –
wird sie durch Katzenpfotenkraft
hinweggerafft! – – –

Danach wäscht sich die Katz die Pfote
und spricht mit der ihr eig'nen Note:
»Wie nützlich ist es dann und wann,
wenn man 'ne fremde Sprache kann ...!«

ANTON LÜGT!

NICHT ARTGERECHTES FUTTER KANN BEI TIEREN
ZU IDENTITÄTSSTÖRUNGEN FÜHREN.

DEN UNVERSTANDENEN

Stumm ist der Fisch, doch nicht nur er:
Auch einen Wurm verstehst du schwer.

Selbst deines treuen Hunds Gebell
entzifferst du nicht immer schnell.

Und bei den Rindern, Hühnern, Schweinen
kannst du nur raten, was sie meinen.

Drum spreche ich als Anwalt hier
für jedes unverstandne Tier.

(Für'n Papagei brauch ich das nicht,
weil er ja für sich selber spricht.)

ARTVERWANDT

Klingling, so klingt's im Großen Belt.
Das ist der Schellfisch, der da schellt.
Er klingelt, nur gemütlicher,
wie die Gebirgskuh südlicher. –

Das war bis heute unbekannt,
dass Kuh und Schellfisch artverwandt.

DIE KATZE

Die Katze hat ein gelbes Fell
und sitzt auf meinem Schoße.
Sie mag gern Fisch und eventuell
auch Schmorbraten mit Soße.

Auch fängt sie Mäuse dann und wann
und ab und zu – was seh ich! –
mal einen Vogel, doch nur dann,
wenn er des Flugs nicht fähig.

Oft bleibt sie meiner Kate fern;
dann weilt sie gegenüber.
Sie hat zwar meine Kate gern;
doch ist ihr'n Kater lieber.

DAS FISCHCHEN

Ein Fischchen einst im Wasser saß
und von dem Wasser wurd es nass,
        das Fischchen.
Das Fischchen wollt gern trocken sein,
doch hatte es kein Handtuch, nein,
        das Fischchen.
Da sprang das Fischchen, hops, an Land
und drehte sich paarmal im Sand,
und als dann kam das Morgenrot,
war's Fischchen trocken – aber tot.
        Das Fischchen.

ZWAR GAB ES EINEN MASSIVEN VERDACHT, ABER KEINE BEWEISE!

ROLLMOPSENDE JUNGHERINGE

NEE, DAS GEHT NICHT

Das Meer – wenn ich schon drüber spreche –
hat eine feuchte Oberfläche,
die, finden keine Stürme statt,
stets ruhig daliegt, groß und glatt.
So weit wär alles schön und gut.

Doch was sich *unter* Wasser tut,
das zu erzähln sträubt sich die Feder:
Es frisst den anderen auf ein jeder!
Je größer so ein Fisch, je kesser!
Dort toben Kämpfe bis aufs Messer!

(Was ganz der Wahrheit nicht entspricht,
denn Fisch mit *Messer* geht ja nicht!)

DER KABELJAU

Das Meer ist weit, das Meer ist blau,
im Wasser schwimmt ein Kabeljau.
Da kömmt ein Hai von ungefähr,
ich glaub von links, ich weiß nicht mehr,
verschluckt den Fisch mit Haut und Haar,
das ist zwar traurig, aber wahr. –
Das Meer ist weit, das Meer ist blau,
im Wasser schwimmt kein Kabeljau.

ESST MEHR FISCH

Das Meer reicht bis zum Strande
und dann verläuft's im Sande
ganz plötzlich und abrupt.

In ihm gibt's viele Fische,
die essen wir bei Tische
gekocht und abgeschuppt.

Doch wozu gibt's die Gräten?
Sie wären nicht vonnöten,
sie schmälern den Genuss.

Denn bleibt mal eine stecken,
so kann man leicht verrecken –
viel eher, als man muss!

WEIDENDE SEEKUH

Die Seekuh weidet auf dem Grund
des Ozeans. Stumm ist ihr Mund;
denn finge an sie, laut zu singen,
würd ihr das Meer ins Innre dringen –
und dieses Nass, welches sie schluckt,
verdürbe dann das Milchprodukt,
das, schon seit jeher äußerst rühmlich,
wohl jeder Seekuh eigentümlich.

So weidet unsre Meereskuh
mit Appetit, doch ohne Muh ...

SCHWIMMSCHÜLER MIT BÖSER AHNUNG

FISCHE

Es gibt viele Arten von Fischen – aber nur wenige Unarten, die sie nicht haben.
Teils bewegen sie sich an der Oberfläche – teils gehen sie in die Tiefe.
Man hat sie zum Fressen gern – besonders die Backfische.
Manch toller Hecht – eben sang er noch aus voller Kieme – zappelt plötzlich an der Angel. Zu spät fallen ihm die Schuppen von den Augen.

DIE SCHWEIGENDE MEERHEIT

Fische sind sehr sensibel. Werden sie beleidigt, so strecken sie die Seezunge raus und denken sich den Götz. Sie sind eben manchmal etwas barsch ... Aber bald reichen sie ihrem Kontrahenten die Flosse – und alles ist wieder gut.
Manche Fische sind aalglatt – und es ist ihre Masche, durch eine Masche des Netzes, mit dem man sie fangen wollte, zu schlüpfen.
Einige nehmen das Maul etwas voll. Das ist nicht schlimm. Es ist nur Wasser.
Fische werden vom 20. Februar bis zum 20. März geboren – also im Mai gezeugt.
Ist es da ein Wunder, dass sie besonders liebevoll geraten sind ...?

MARC BONEHEAD, DER GOLFPLATZWART VON SANTA MONICA, GILT UNTER MAULWÜRFEN ZWAR ALS TRÄGE, ABER SAUGEFÄHRLICH.

DER MAULWURF

Auf Gottes bunter Erdenkruste
bewegt sich Löwe, Hund und Kalb,
der Maulwurf aber, der bewusste,
bewegt sich weiter unterhalb.
Er kümmert sich nicht um Gerüchte,
bohrt sich sein Loch und denkt nicht viel,
auch sehnt er sich nicht nach dem Lichte.
Was über ihm ist, lässt ihn kühl!

DER IGEL

Der Igel sprach zur Igelin:
„Du weißt nicht, wie verliebt ich bin!
Ich liebe dich wie nichts so."
Dann drückte er sie fest an sich,
worauf sie schrie: „Auch ich lieb dich,
doch lass das sein, du stichst so!"

DER GUCK-GUCK

Der Guck-Guck ist ein Vogeltier,
das weiß man ganz genau.
Kommt er jedoch als Hund zur Welt,
so nennt man ihn Schau-Schau.

DAS SCHLIMMSTE IST EIGENTLICH DIE ÜBERWINDUNG.

DIE SCHNECKE

Mit ihrem Haus nur geht sie aus!
Doch heut lässt sie ihr Haus zu Haus,
es drückt so auf die Hüften.
Und außerdem – das ist gescheit
und auch die allerhöchste Zeit:
Sie muss ihr Haus mal lüften!

DER SPATZ

Es flog ein Spatz spazieren
hinaus aus großer Stadt.
Er hatte all die Menschen
und ihr Getue satt.

Er spitzte keck den Schnabel
und pfiff sich was ins Ohr.
Er kam sich hier weit draußen
wie eine Lerche vor.

Er traf hier auch manch Rindvieh,
sah auch manch Haufen Mist ...
Er sah, dass es woanders
auch nicht viel anders ist.

DIE WEIHNACHTSGANS

Tiefgefroren in der Truhe
liegt die Gans aus Dänemark.
Vorläufig lässt man in Ruhe
sie in ihrem weißen Sarg.

Ohne Bein, Kopf und Gekröse
ruht sie neben dem Spinat.
Ob sie wohl ein wenig böse
ist, dass man sie schlachten tat?

Oder ist es doch zu kalt ihr?
Man sieht's an der Gänsehaut
Nun, sie wird bestimmt nicht alt hier:
Morgen wird sie aufgetaut.

Hm, welch Duft zieht aus dem Herde
durch die ganze Wohnung dann!
Macht, dass gut der Braten werde,
morgen kommt der Weihnachtsmann!

EIN TRAUM

Ich schlaf nicht gern auf weichen Daunen;
denn statt des Märchenwaldes Raunen
hör ich im Traume all die kleinen
gerupften Gänschen bitter weinen.
Sie kommen an mein Bett und stöhnen
und klappern frierend mit den Zähnen,
und dieses Klappern klingt so schaurig ...
Wenn ich erwache, bin ich traurig.

IN DER VORWEIHNACHTSZEIT REAGIEREN GÄNSE AUSGESPROCHEN KOPFLOS!

DIE BESTEN ZOO WITZE
ZOO

EIN BRIEF AUS HAGENBECK

An Frau Coco, geb. Cucu, verw. Fips
Urwald
Wenn man reinkommt: 3. Baum links, 4. Astwerk
– Afrika –

Papa, Mama und liebe Geschwister!
Erinnert ihr euch noch an den Mister,
der mich, als ich fröhlich am Aste hing,
fing? –
Das war ein Ding!
Der steckte mich einfach in einen Kasten!
Da saß ich nun drin und musste fasten!
Dann flog und fuhr ich lange Wege ...
und nun wohn ich hier im Freigehege.
Wir sind zu sechst. Sind ganz verträglich,
bis auf den einen, der ist unmöglich!
Der kratzt sich immer am Arm, am Kiefer –
wahrscheinlich hat er Ungeziefer!
Ich hatte neulich 'nen Schnupfen gekriegt!
Ob das an diesem Eisbärn liegt
da drüben?

Ihr Lieben!
Das Essen ist hier reichlich und schmeckt!
Auch kommt kein Raubtier, das einen erschreckt!
Doch grauenhaft ist an jedem Tage
die *Menschenplage!*
Da strömen sie dann in rauen Mengen
und gucken und schieben und stoßen und drängen!
Und wenn ich auch ganz ruhig sitze,
sie lachen bloß und machen Witze
und reden nichts wie dummes Zeuch! –
Und wie geht's euch?

Euer Schimpi

RUHENDE KÜHE

DIE KUH

Auf der saftig grünen Wiese
weidet ausgerechnet diese
eine Kuh, eine Kuh.

Ach, ihr Herz ist voller Sehnen
und im Auge schimmern Tränen
ab und zu, ab und zu.

Was ihr schmeckte, wiederkaut se
mit der Schnauze, dann verdaut se
und macht Muh, und macht Muh.

Träumend und das Maul bewegend
schaut sie dämlich in die Gegend
grad wie du, grad wie du.

DIE Q

Die Q ist, allgemein betrachtet,
derart beliebt und auch geachtet,
dass einst ein hoch gelahrter Mann
für unsre Q das »Q« ersann.
So bleibt sie nun, ewig beredt,
als Buchstabe im Alphabet. –
Mich wundert's nur, dass manche Kreise
abhold sind dieser Schreibeweise.

DER SCHMETTERLING

Es war einmal ein buntes Ding,
ein so genannter Schmetterling,
der war wie alle Falter
recht sorglos für sein Alter.
Er nippte hier und nippte dort,
und war er satt, so flog er fort,
flog zu den Hyazinthen
und guckte nicht nach hinten.
Er dachte nämlich nicht daran,
dass was von hinten kommen kann.
So kam's, dass dieser Schmetterling
verwundert war, als man ihn fing.

DIE EULE

Eine Eule saß und stierte
auf dem Aste einer Euche.
Ich stand drunter und bedachte,
ob die Eule wohl entfleuche,
wenn ich itzt ein Steunchen nähme
und es ihr entgegenschleuder?
Dieses tat ich. Aber siehe,
sie saß da und flog nicht weiter.
Deshalb passt auf sie die Zeule:
    Eule mit Weule!

AN DIE BIENEN

Bienen! Immen! Sumseriche!
Wer sich je mit euch vergliche,
der verdient, dass man ihn töte!
Dass zumindest er erröte!
Denn, wie ihr in Tal und Berg schafft
ohne Zutun der Gewerkschaft,
ohne dass man euch bezahle,
ohne Streik und Lohnspirale,
täglich, stündlich drauf bedacht,
dass ihr für uns Honig macht,
ihr seid 's wert, dass man euch ehre!
Wobei vorzuschlagen wäre –
ob nun alt ihr, ob Novizen –
euch von heute ab zu siezen!

KLEINER VOGEL

Kleiner Vogel dort im Baum,
sing doch bitte leiser;
denn wenn du so weitermachst,
wirst du noch ganz heiser!
Und die Stimme, die du hast,
klingt dann nicht mehr länger,
dann brauchst du ein Mikrofon,
wie 'n moderner Sänger ...!

BIENENFORSCHER DR. HELFRICH WARTET SEIT STUNDEN AUF EINE BESTÄUBUNG.

TRIEB UND MORAL

HUND UND HERRCHEN

Egal, von welcher Art und Rasse,
ob tief er bellt, ob hoch er kläfft,
der Hund macht alles auf der Straße –
und auf die Straße sein Geschäft.
Die Katze ist da etwas feiner:
Sie hat ihr Klo, auf das sie geht,
und wie sie liebt, das sah noch keiner –
man hört es höchstens, abends spät.
Der Hund dankt stets für jede Strafe,
er leckt die Hand, die ihn versehrt.
Er ist des Herrchens treuster Sklave –
doch meistens ist es umgekehrt.

BEL AMI

Etwas, was uns in dem Leben
jedes Mal mit Recht missfällt,
das ist das, wenn in der Neben-
wohnung eine Hündin bellt.
Ich ging also hin und schellte;
doch ich klagte ohne Grund,
denn was da so dauernd bellte,
war nicht Hündin, sondern Hund.
Hieß Ami und war ein Dober-
mann vom Scheitel bis zum Schwanz
und gehörte einem Ober-
lehrer. (An der Türe stands.)
Der Ami war so bescheiden
und so lieb, dass ich verzieh:
»Lieber Freund, ich mag dich leiden,
wenn du willst, dann bell, Ami.«

Ein blindes Huhn findet auch mal ein Gerstenkorn und hat dann keine Lust, die Flinte in dasselbe zu werfen.

Aus ungelegten Eiern schlüpfen keine Hühner.

'S KOMMT EIN VOGERL GEFLOGEN*

Ein kleiner Spatz kommt angeflattert
und hüpft auf meinen Fuß. Verdattert
entdecke ich in seinem Schnabel
ein Telegramm, und in dem Kabel
telegrafiert Andrea mir:
»Komm bald, ich sehne mich nach dir!«

Spreiz deine Flügel, kleiner Bote,
und flieg zurück zu der Geliebten
und überreich ihr meine Note,
in welcher steht, ich käm am siebten!

* *Jede Ähnlichkeit mit einem bekannten Volkslied wäre rein zufällig.*

DIE KLEINEN ELEFANTEN

Es war einmal ein großer Feldherr. Er lebte vor über zweitausend Jahren in Karthago und hatte um sein Haus einen riesigen Zaun gezogen, von dem er ab und zu einen Krieg brach. Seine berühmtesten Kriege waren die Punischen, die überall panischen Schrecken verbreiteten.

Eines schönen Tages nun versammelte er riesige Elefanten mit einer ebenso riesigen Streitmacht um sich und stach ins Mittelmeer. Er wollte in Italien sein Augenleiden kurieren: War ihm doch Rom schon seit langem ein *Dorn im Auge!*

Er muss wohl ungenaue Landkarten gehabt haben: Statt in Italien landete er in Spanien. Da er aber schon mal da war, eroberte er es. Er war, wie gesagt, ein großer Feldherr.

Schließlich kam er an ein ziemlich großes Gebirge. »Aha«, sagte er sich, »die Alpen!« Aber nein, es waren bloß die Pyrenäen. »Das macht nichts«, sprach er, »dann betrachte ich eben die Pyrenäen als Generalprobe für die Alpen!«

Sie gelang vortrefflich, was eigentlich kein gutes Omen war ...

Endlich erreichte er den Montblanc. Angesichts dessen fiel ihm ein, dass er seinen Füllhalter vergessen hatte und nun seiner Frau keine Ansichtskarte schreiben konnte.

Ohne besondere Unfälle schlängelte er sich mit Mann und Maus resp. Mann und Elefant mal aufwärts, mal abwärts – aber hauptsächlich vorwärts ... Mag es nun daran gelegen haben, dass die riesigen Elefanten vor den noch riesigeren Bergen Hemmungen bekamen, weil sie in dieser Umgebung so klein wirkten – welch Grund es auch immer gewesen sein mag: Sie begannen, sich leise aus dem Staube zu machen!

Als der große Feldherr den Po erreichte, setzte er sich vor Schreck auf denselben; denn 96 von 102% seiner Elefanten waren verschwunden! ... Inzwischen hatten sich die geflohenen Tiere in Gletscherspalten oder hinter Felsen versteckt und kamen erst wieder hervor, als die Luft rein war. Und hier oben war sie immer rein – aber auch sehr dünn. Und das war es eben!

Es kann nur an der dünnen Luft und vielleicht auch an der ständigen Kälte gelegen haben, dass die *Nachkommen* der zurückgebliebenen Elefanten auch im Wuchs zurückblieben!

Sie wurden im Laufe der Jahrtausende immer kleiner und kleiner, bis sie schließ- und endlich nur die »Größe« einer Mücke erreichten. Daher stammt sicher auch der Ausspruch »aus der Mücke einen Elefanten machen«.

Außerdem nahmen diese possierlichen Tierchen allmählich eine schneeweiße Schutzfarbe an, sodass sie vom ewigen Eis und Schnee nicht mehr zu unterscheiden waren.

Das ist wohl auch mit ein Grund, weshalb die kleinen Elefanten noch nie einer gesehen hat ...

ARBEITSELEFANTEN IN DER MITTAGSPAUSE

AUF DEM WEG ZUM MASKENBALL

DER AFFE

(LAT. APIS MODERNICUS)

Im Gegensatz zu einer verbreiteten Auffassung stammt der Affe vom Menschen ab, was an seiner fortschrittlichen Haltung unschwer zu beweisen ist.
1. Der Affe ist schon vor geraumer Zeit wegen der Umweltverschmutzung und ihrer Folgen auf die Bäume geflüchtet. Von den Baumwipfeln herab hat er eine prächtige Fernsicht.
2. Der Affe bedient sich bei der Fortbewegung auch der Arme. Auch er hat erkannt, dass sich bei der Benutzung aller vier Bewegungsgliedmaßen die Sprungkraft und die Schnelligkeit verdoppeln.
3. Der Affe verzichtet aus Gründen der Menschlichkeit seit langem auf Fleischnahrung. Durch seine rein vegetarische Kost benötigt er keine Schlachthöfe mehr und erkrankt auch nicht an den Spritzen und Giften, die den Schlachttieren kurz vor ihrem grässlichen Tod verabreicht werden.
4. Der Affe führt auch keine Kriege mehr, seit er dem Christentum abgeschworen und sich Allah zugewandt hat. So tötet er nicht nur nicht seine Mitaffen, sondern betreibt Vielweiberei, um damit ein Anwachsen der alten Jungfern zu verhindern.
Es ist nur zu wünschen, dass der Fortschritt vom Menschen zum Affen auch weiterhin so stetig bleibt.

Ein Nasshorn und ein Trockenhorn
spazierten durch die Wüste,
da stolperte das Trockenhorn,
und 's Nasshorn sagte: »Siehste!«

ETWAS ÜBER DEN KUCKUCK

Vorgestern erzählte ein schlichter Jäger seine Erlebnisse aus Wald und Flur. Er plauderte von Bäumen und Tieren, besonders nett aber sprach er vom Kuckuck, der, wie er meinte, in freier Wildbahn ein ebenso verstecktes Dasein führe wie bei ihm daheim an den Möbeln. Der Jäger sagte weiter: »Der Kuckuck lebt hauptsächlich in nach ihm benannten Uhren. Er ist also ein typisches *Uhr*viech. Man findet ihn aber auch im Freien, wo man ihn aber so gut wie fast selten sieht. Doch *wenn* man ihn mal sieht, dann hört man ihn höchstens. Neulich«, fuhr der Jäger fort, »ging ich im Wald einher, als mir plötzlich ein Kuckuck um die Ohren flog. Natürlich *ohne* Uhr! Ich riss nicht nur mich zusammen, sondern auch das Gewehr hoch! Zuerst drückte ich es an die Wange und dann ab! Aber da fiel mir ein, dass man erstens auf Kuckuckse gar nicht schießen darf und zweitens, dass ich mein Gewehr überhaupt nicht bei mir hatte.«

Ich hoffe, dass ich diese Geschichte richtig übersetzt habe; denn obiger Jäger bediente sich natürlich des *Lateins*.

SABINCHEN

Da war ein schneeweißes Karnickel,
das hatte einen schwarzen Pickel
auf der Nase.
Sprach ein Hase:
»Liebe Base,
das geht so nicht mit deiner Warze!
Es kommt ein Jäger, trifft ins Schwarze!
Du musst den Pickel heller färben,
dann lebst du lang, ohne zu sterben!«
Das tat denn auch sofort Sabinchen
(so nämlich heißt dieses Kaninchen)
und lebt heute noch ungestört ...
Wie gut, wenn man auf andre hört!

»MEIN GOTT, DAS WAR DONALD!« – »QUATSCH! DER HATTE FÜNF FINGER, ICH HAB'S GENAU GESEHEN!«

DAS VÖGLEIN

Wenn ich ein Vöglein wär
und auch zwei Flügel hätt,
flög ich zu dir.
Da ich kein Vöglein bin
und nur einen Flügel hab,
spiel ich Klavier.

SINGE, WEM GESANG GEBEN

'S ist Nacht. Auf meines Daches Zinnen wandelt
ein graues Säugetier in stolzer Pracht.
Dass es sich hier um einen Kater handelt,
das haben Sie sich ja wohl schon gedacht.
Er singt ein Lied. Er lässt sich das nicht nehmen,
und weder Ringelstern noch Morgennatz
verfassten es. Er zahlt auch nicht Tantiemen.
Er singt – und was er singt, ist für die Katz!

GESCHEITERTER FLUGVERSUCH

WARUM DIE ZITRONEN SAUER WURDEN

Ich muss das wirklich mal betonen:
Ganz früher waren die Zitronen
(ich weiß nur nicht genau mehr, wann dies
gewesen ist) so *süß* wie Kandis.

Bis sie einst sprachen: »Wir Zitronen,
wir wollen groß sein wie Melonen!
Auch finden wir das Gelb abscheulich,
wir wollen rot sein oder bläulich!«

Gott hörte oben die Beschwerden
und sagte: »Daraus kann nichts werden!
Ihr müsst so bleiben! Ich bedauer!«
Da wurden die Zitronen sauer ...

WEIL ICH ES VIEL SCHÖNER FINDE,
WENN SICH HINTEN ALLES REIMT

O wär ich
der Kästner Erich!
Auch wäre ich gern
Christian Morgenstern!
Und hätte ich nur *einen* Satz
vom Ringelnatz!
Doch nichts davon! – Zu aller Not
hab ich auch nichts von Busch und Roth!
Drum bleib ich, wenn es mir auch schwer ward,
nur der Heinz Erhardt ...

„Warum machst du in Gedichten?“,
fragte mich ein Menschenkind.
„Warum schreibst du nicht Geschichten,
die doch leicht verkäuflich sind?“
Oh, ich habe meine Gründe
für mein Tun – und sprach verträumt:
„Weil ich es viel schöner finde,
wenn sich hinten alles reimt.“

Das, was man so als Dichter schreibt,
vergeht entweder oder bleibt.

STILLLEBEN MIT WILHELM BUSCHS BELIEBTEN FOLTERINSTRUMENTEN

EINZELKIND

WIESO ICH DICHTER WURDE

Als ich das Gaslicht der Welt erblickte, war ich noch verhältnismäßig jung. Meine Eltern waren zwei Stück, und mein Vater war sehr reich: Er hatte zwei Villen, einen guten und einen bösen.
Und eines Tages – es war sehr kalt, und ich fror vor mich hin, denn nicht nur meine Mutter, auch der Ofen war ausgegangen – teilte sich plötzlich die Wand, und eine wunderschöne Fee erschien! Sie hatte ein faltenreiches Gewand und ein ebensolches Gesicht. Sie schritt auf meine Lagerstatt zu und sprach also: »Na, mein Junge, was willst du denn mal werden?« Ich antwortete – im Hinblick auf meine ziemlich feuchten Windeln: »Ach, gute Tante, vor allem möcht ich gern ›dichter‹ werden!« Das hatte die Fee missverstanden, was du, geduldiger Leser, dem vorliegenden Buch unschwer entnehmen kannst!

DAS BLÜMCHEN*

Im Walde ist ein Plätzchen,
ein Plätzchen wunderschön.
Beim Plätzchen steht ein Bänkchen,
das möcht ich wiedersehn.
Beim Bänkchen wächst ein Blümchen,
ein Blümchen, weiß und rot,
das möcht ich gerne pflücken;

denn morgen ist es tot.
Ich will's ins Wasser legen,
bis dass es fast ertrinkt,
und es so lange hegen,
bis Mutti sagt: »Es stinkt!«

* *Dieses Gedicht schrieb der Autor mit sechs Jahren.*

DICHTER MIT LEIHPEGASUS

Mühsam erklimmt er das scharrende Huftier.
Platz nehmend hinter gewaltigen Schwingen,
klammert er fest sich an wehender Mähne,
startet mit trutziger Mähre gen Himmel.

Oben, in höheren Sphären, gebiert er
dann seine herrlichen Werke, entzieht sich
damit den Blicken der lästigen Menschheit.

Hat er genüsslich sein Opus beendet,
landet erleichtert er nahe der Wohnung.
Schleunig entfernt sich der wiehernde Vogel,
denn schon ein anderer Dichter harrt seiner – – –

HAUPTMANN GERHART

Gerhart hatte sich vom Musketier zum großen Tier emporgedient und eiferte so seinem Vater nach, der als General mitgeholfen hatte, den Krieg 70/71 siegreich zu beenden.
Gerhart brachte es bis zum Hauptmann.
Schließlich wurde er noch einmal befördert – und zwar an die frische Luft.
Und hier, in freier Natur, hub er an zu dichten. Diese Tätigkeit fiel ihm nicht schwer, weil er Goethe sehr ähnlich sah.
Wenn trotzdem zwischen den Schriften dieser beiden Großen eine Kluft klafft, so deswegen, weil Gerhart mit der Schreibmaschine seine Werke schrieb, während Goethe mit einem Federkiel vorliebnehmen musste.

DICHTER MIT LEIHPEGASUS

BALLADE AUS ESTLAND

Im alten Schloss zu Wesenstein,
da soll es nachts ganz finster sein.
Warum's dort finster ist bei Nacht,
das hat noch keiner rausgebracht.

Und jede Nacht um Mitternacht
die Turmuhr laut zwölf Schläge macht.
Warum das grad um Mitternacht,
das hat noch keiner rausgebracht.

Ein Dichter, dem man's hinterbracht,
hat hieraus dies Gedicht gemacht.
Warum er dies Gedicht gemacht,
das hat noch keiner rausgebracht.

Es soll manchen Dichter geben,
der muss dichten, um zu leben.
Ist das immer so? Mitnichten,
manche leben, um zu dichten.

Manche Dichter gibt es, die be-
nötigen der Sachen vier:
einen guten Reim auf Liebe,
Feder, Tinte und Papier.

DER TAUCHENICHTS

(FREI NACH SCHILLERS »TAUCHER«)

Wer wagt es, Knappersmann oder Ritt,
zu schlunden in diesen Tauch?
Einen güldenen Becher habe ich mit,
den werf ich jetzt in des Meeres Bauch!
Wer ihn mir bringt, ihr Mannen und Knaben,
der soll meine Tochter zum Weibe haben!«
    Der Becher flog.
    Der Strudel zog
    ihn hinab ins gräuliche Tief.
    Die Männer schauten,
    weil sie sich grauten,
    weg. – Und abermals der König rief:
»Wer wagt es, Knippersmann oder Ratt,
zu schlauchen in diesen Tund?
Wer's wagt – das erklär ich an Eides statt –
darf küssen mein's Töchterleins Mund!
Darf heiraten sie und mein Land verwalten!
Und auch den Becher darf er behalten!«
    Da schlichen die Mannen
    und Knappen von dannen.
    Bald waren sie alle verschwunden – – –
    Sie wussten verlässlich:
    Die Tochter ist grässlich! –
    Der Becher liegt heute noch unten ...

DER KÖNIG ERL

(FREI NACH JOHANN WOLFGANG VON FRANKFURT)

Wer reitet so spät durch Wind und Nacht?
Es ist der Vater. Es ist gleich acht.
Im Arm den Knaben er wohl hält,
er hält ihn warm, denn er ist erkält'.
Halb drei, halb fünf. Es wird schon hell.
Noch immer reitet der Vater schnell.
Erreicht den Hof mit Müh und Not –
der Knabe lebt, das Pferd ist tot!

DAS WEIDENRÖSSLEIN

(NICHT GANZ SO FREI NACH JOH. WOLFG. AMAD. V. GOETHE)

Sah ein Knab ein Rösslein stehn,
Rösslein auf der Weiden.
War schon alt und gar nicht schön,
und es konnte kaum noch sehn,
doch er sah's mit Freuden.
Rösslein, Rösslein, Rösslein braun,
Rösslein auf der Weiden.

Knabe sprach: »Wie schön ist's heut,
Rösslein auf der Weiden!
Keine böse Wolke dräut,
alles ist voll Heiterkeit,
und die Luft ist seiden.
Rösslein, Rösslein, Rösslein braun,
Rösslein auf der Weiden!«

Rösslein sah ihn traurig an,
Rösslein auf der Weiden:
»Dort kommt schon der Bauersmann,
spannt mich vor den Wagen an,
schlägt mich mit der Peitsche dann,
bis ich nicht mehr weiterkann –
muss so viel erleiden . . . !«
Rösslein, Rösslein, Rösslein braun,
Rösslein auf der Weiden.

ES GAB KEINEN ZWEIFEL MEHR: BILLY THE KID WAR IN DER STADT!

VENEZIANER BEGRÜSST KREUZFAHRER.

DER MOHR VON VENEDIG

FREI GERÄUBERT BEI SCHILLER

Unterm Einfluss eines Föhns
dichte ich jetzt mal was Schön's:
Es ist kürzer und auch stiller
und ganz anders als bei Schiller! –

Franz Mohr, bekannt als »die Kanaille«,
trug stets den Dolch an seiner Taille.
Doch einmal, ach, im grimmen Zorne
stach er von hinten zu und vorne,
worauf sich wund das Opfer wand
und Franz in dessen Blute stand!

Nach dieser unheilschwanger'n Tat
rief er: »Jetzt ham wir den Salat!
Mein Beinkleid ist vom Blut gerötet!
Den Leichnam dort hab ich getötet!
Der Anblick ist nicht grade schön!
Auf Wiedersehn! Der Mohr kann gehn!«

Und so geschah's, dass Franz entfloh
(über die Alpen, übern Po
und weiter), bis er ungehemmt
zur Stadt kam, die stets überschwemmt.

Hier – musste er sich nicht verstecken!
Hier – konnt er seine Hos entflecken!
Hier – blieb Franz Mohr lang, brav und ledig
und hieß ab hier – »Mohr von Venedig«!*

* *Einige neuere Literaturgeschichten behaupten, wahrscheinlich, um sie farbiger zu gestalten, der »Mohr von Venedig« sei ein Schwarzer gewesen. Bei Schiller jedoch findet sich kein Hinweis, dass Fr. Mohr (den er übrigens undelikaterweise mit oo schreibt) negroiden Ursprungs war.*

DER FISCHER

(FREI NACH JOHANN SEBASTIAN GOETHE)

Das Meer ist angefüllt mit Wasser
und unten ist's besonders tief,
am Strande dieses Meeres saß er,
d. h., er lag, weil er ja schlief.
Und nun noch mal: Am Meere saß er,
d. h., er lag, weil er ja schlief,
und in dem Meer war sehr viel Wasser
und unten war's besonders tief.

Da plötzlich teilten sich die Fluten,
und eine Jungfrau kam herfür,
auf einer Flöte tat sie tuten,
das war kein schöner Zug von ihr.
Dem Fischer ging ihr Lied zu Herzen,
obwohl sie falsche Töne pfoff – – –
man sah ihn in das Wasser sterzen,
dann ging er unter und ersoff.

Will jemand eine Jungfrau frein,
darf er nicht so penibel sein.

ÜBER DIE FRAGE, OB MEERJUNGFRAUEN WIRKLICH JUNGFRAUEN SIND,
VERGASS DER FISCHER DIE FRAGE, OB ES SIE ÜBERHAUPT GIBT.

12

MARY AND LISA

Es waren mal zwei Königinnen,
ganz gut von Wuchs und stolz von Sinnen;
doch leider konnten sich die beiden
von Hause aus nicht so recht leiden.

Sie nannten sich zwar meistens »Schwester«,
doch schuld am Krach war ein Lord Lester!
Sie liebten ihn und litten seelisch. –
Die war katho-, die evangelisch. –

Und eines regenfeuchten Tages,
da sagte Lisa: »Ich ertrag es
nicht länger, dass die Mary mir
den Lord wegschnappt! Ich zeig es ihr!
Ich will, dass man sie gleich verhafte!!«
Worauf man sie in'n Kerker schaffte ...

Dort saß die Mary viele Wochen,
hat nichts gegessen, nichts gesprochen –,
drum freute sie sich ungemein,
als Lisa schrieb: »Mein Schwesterlein,
wir wollen unsern Stunk vergessen!
Ich hol dich morgen ab zum Essen!«

Und so geschah's, dass nach dem Lunch
die beiden, wie fast jeder Mensch,
sich gern etwas im Park ergingen.
Sie unterhielten sich von Dingen,
die intressant von Schwes- zu Schwester ...
Doch fiel kein Wort über Lord Lester,
bis plötzlich Mary sich vergaß
und rief: »Du bist ein Rabenaas!
Ein Scheusal und ein Mistpaket ...!«
Was Lisa nicht gefallen tät:
»Ich unternehme neue Schritte!«,
so schrie sie und ging durch die Mitte
ab!
Knapp
sechs Wochen drauf bestieg, o Gott,
die arme Mary das Schafott!
Verlor den Kopf, den sie zuvor
in Lisas Park schon mal verlor ...

Es lohnt sich keinen Hut zu tragen, endet der Mensch bereits beim Kragen.

ZWEI SCHULAUFSÄTZE

GLOCKEN

O Glocke! Du hängst am Turm und läutest.
Dein Läuten läutert die Leute, doch Friedrich Schiller hat dich bereits mehr lang als breit bedichtet. Aber auch du, kleine Glocke am Wecker, verdienst unsere Liebe. Jeden Morgen erweckst du uns und damit in uns das Gefühl der Dankbarkeit dafür, dass wir endlich wieder unserer geliebten Arbeit nachgehen dürfen.
Nur dich, die du keinen Laut von dir gibst, dich, Käseglocke, hat noch kein Dichter besungen; denn du stehst in schlechtem Geruch.
Dabei bist du so wichtig: *Alles* ist Käse!

GOETHE UND DIE FLIEGE

War Goethe ein größeres Wunder als eine kleine Fliege? – Das ist hier die Frage!
Sieh, wie sie so an der glatten Wand entlangwandelt, als sei das die einfachste Sache von der Welt, und sieh, wie sie ihr Gefieder glättet und sich mit dem hintersten Bein ganz vorn am Kopf kratzt.
Und jetzt, jetzt erhebt sie sich gar in die Lüfte und flattert durchs Zimmer. Und nun nimmt sie auf dem westöstlichen Diwan Platz. Doch nicht lange. Schon wieder durchpflügt sie den Raum und landet schließlich, etwas echauffiert, auf deiner Nase.
Konnte das Goethe?

Sie dienten mir gerne bei jedem Gedicht,
die Substantive und Verben,
doch heute gehorchen sie mir leider nicht –
ich möchte am liebsten sterben.

CHRISTIAN GNÄDIG AHNTE, ER WÜRDE HARTMUT SEHR VERMISSEN –
VOR ALLEM DAS GEMEINSAME FRÜHSTÜCK, MITTAG- UND ABENDESSEN!

HANNELES SIEGESFAHRT

Da war ein Mädchen jung und stark
und gut von Wuchs und hieß Jeanne d'Arc.

Erst hütete sie Vaters Ziege,
dann träumte sie vom großen Siege!
So ging sie eines Tags aufs Ganze:
Kaufte sich Rüstung, Helm und Lanze,
und schon nach ziemlich kurzer Zeit
fand Männer sie, zum Kampf bereit!
Mit diesem Fähnlein griff sie dann
des Königs böse Feinde an!

Bei Orleans errang, so schiens
(auf englisch heißt der Ort Orliens!),
die ihren Sieg! Doch nicht weit her
war es damit: Es geht die Mär,
sie sei, was nicht so sehr erheitert,
am Scheiterhaufen dann gescheitert!

DER ALTE WOLF

AUCH 'N MÄRCHEN

Der Wolf, verkalkt und schon fast blind,
traf eine junge Dame:
»Bist du nicht Rotkäppchen, mein Kind?«
Da sprach die Dame: »Herr, Sie sind – – – !*
Schneewittchen ist mein Name!«
»Schneewittchen? Ach, dann bist du die
mit diesen 7 *Raben?*«
Sie antwortete: »Lassen Sie
sich lieber gleich begraben!
Mit 7 *Zwergen* hatt ich mal
zu tun – das waren nette … !«
»Ach ja! Du durftest nicht zum Ball,
und Erbsen waren nicht dein Fall,
besonders nicht im Bette …!«
Da lachte sie hell ha-ha-ha,
dann: »Darf ich Sie was fragen?
Sie fraßen doch die *Großmama,*
wie hab'n Sie die vertragen?«
»Das ist nicht wahr, dass ich sie fraß,
ich krümmte ihr kein Härchen!
Die Brüder *Grimm,* die schrieben das
für kleine Kinderchen zum Spaß –
das sind doch alles Märchen …!«

---

* *wohl blöd? wollte sie sagen. Aber so etwas denkt eine Dame nur!*

FÜR EINEN AUGENBLICK ÜBERLEGTEN ES DIE GRIMMS,
OB SIE DER KLEINEN DEN WOLF ERSPAREN SOLLTEN.

DON QUICHOTE UND ROSINANTE

Alle Völker hatten ihre Nationalhelden. So hatte zum Beispiel Amerika den Washington, die Schweiz den Wilhelm Tell, Frankreich den Napoleon, Deutschland hatte den ... ach, jetzt habe ich seinen Namen vergessen. Spanien hatte den Don Quichote und der das Pferd Rosinante. Ich bin dafür, ihn auf gut Deutsch den Ritter von der traurigen Gestalt zu nennen, eine Bezeichnung, die uns Deutschen im Hinblick auf unseren letzten Nationalhelden am besten liegt. Über diesen rätselhaften Ritter gab es neulich einen Vortrag, der dieses Thema so erschöpfend behandelte, dass Don Quichote selbst kaum erschöpfter sein konnte, nachdem er seinen Kampf gegen die Mühlen hinter sich hatte. Nach neuesten Forschungen führte er diesen aussichtslosen Krieg deshalb, weil die damals nur dunkles Mehl lieferten und das helle für sich behielten.

WINDMÜHLEN

Schon seit den Tagen Don Quichottes
gibts Windmühlen; doch leidergotts
sind sie, wie es so manchmal geht,
fast überall vom Wind verweht.
Man sieht sie äußerst selten drum,
und wenn, dann stehn sie nur herum.
Sie werden zwar noch gern gemalt;
doch mahlen macht sich nicht bezahlt!
Wer kauft noch Mehl, wenn morgens man
sich fert'ge Brötchen kaufen kann?
Auch alle übrigen Gebäcke
kriegt man beim Bäcker um die Ecke.
Drum mache man, ob Greis, ob Kind,
um Windmühlen nicht so viel Wind!

DON QUICHOTE & SANCHO PANSA

HERO UND LEANDER*

ODER FALSCHE SPARSAMKEIT

1 DIE ANSICHTSKARTE

Der Hero und auch die Leander,
die hatten gar nichts miteinander.

Das lag hauptsächlich an der Länge
und Breite jener Meeresenge,
die man, hat man nicht grad gepennt,
als *Hellespont* von früher kennt.

Doch war der Hero ja schon immer
bekannt als Sportler, nämlich Schwimmer,
weshalb er eines Mittwochs rief:
»Ich schwimme zu ihr, ist's auch tief!
Ist auch die Strecke nass und lang
was macht das schon, mir ist nicht bang!
Ich arbeite bis Freitag bloß,
dann schwimme ich nach Dienstschluss los!«

Drauf schrieb er eine Ansichtskarte:
»Ich komm ganz früh am Samstag, warte!
Doch weil du, liebe Lea, faktisch
direkt am Ufer wohnst, was praktisch,
so zünde eine Kerze an
und stell sie in dein Fenster dann,
damit sie leuchte und mich leite
zu dir, bis auf die andre Seite!
In sechs bis sieben Stunden höchstens
bin ich dann da! – Leb wohl! Bis nächstens!
Ich geb dir 'n Vorschusskuss, hier hast'n ...!«
und warf die Karte in den Kast'n. –

* *Schon der österreichische Dichter Parzer, der nebenbei auch den Grill erfand und deshalb meist Grillparzer genannt wird, hatte obiges Liebespaar in seinem Lustspiel »Des Meeres liebe Wellen« zum Vorwurf genommen, ohne dass man ihm einen solchen machen könnte ...!*

Und Freitagnacht, wie vorgesehn,
sprang er – die Uhr war kurz nach zehn
bekleidet nur mit einer Hose,
im Munde aber eine Rose,
und mit Salatöl eingerieben,
ins Wasser, mit dem Ziel nach drüben …

2 DER UNTERGANG

Das Meer geht hoch, die Winde wehn …
Die Nacht ist schwarz, er kann nichts sehn –
den Mond und auch die Sterne nicht,
doch auch nicht seiner Liebsten Licht …
Wie sehr er die Pupille weitet,
wo ist die Kerze, die ihn leitet?
»Pardon, geht's hier zum andern Ufer?«,
brüllt er, doch niemand hört den Rufer …
Nur schwer noch kann er sich im kalten
Gewässer über Wasser halten,
und er verliert im Meergetose
die Orientierung und die Rose …
Er murmelt paarmal: »Junge, Junge …!«,
dann dringt ihm Wasser in die Lunge …
Er nimmt noch zwei, drei Schluck, drauf sinkt er
bis auf den Grund … Und hier ertrinkt er …–

So endete das Sein für ihn
durch eine Kerze, die nicht schien …

3 DIE ERLÄUTERUNG

Nun fragen Sie wohl unterdessen:
»Weshalb hat sie das Licht vergessen?«
Weil sie, wie so das Schicksal spielt,
die Post erst Montag früh erhielt,
und da war es zu spät zum Leuchten,
da lag er schon im Grab, im feuchten …!

Hätt er ein *Telegramm* geschickt,
wär ihm das Vorhaben geglückt!

NEIN, KEIN LEUCHTTURM.
GABRIELE R. AUS HOLZMINDEN

ANGEBLICH FIEL PARIS DIE ENTSCHEIDUNG, WELCHE GÖTTIN DENN DIE SCHÖNSTE SEI, AUSSERORDENTLICH SCHWER.

EIN MYTHO-UNLOGISCHES GESPRÄCH

A. Ich habe bei mir zu Hause ein Aktfoto hängen. Drunter steht »Die Ledige mit dem Schwein«. Kennen Sie das?

B. Sie meinen sicher »Die Leda mit dem Schwan«?

A. Ach ja, richtig! Ein Schwan kommt auch drauf vor! Und wer ist diese »Leda«?

B. Leda war die Mutter der »schönen Helena«.

A. Wieso »war«? Ist sie tot?

B. Aber natürlich!

A. Erzählen Sie mir doch mal was von der Familie!

B. Also das war so! Eines Tages schiffte sich Menelaus, der Gatte der Helena, nach Kreta ein.

A. Und Helena blieb zu Hause?

B. Ja, in ihrem Schlafgemach. In der Mitte stand ein großes Ruhebett und links der Armleuchter.

A. Ich denke, Menelaus war weg?

B. Nein, ein wirklicher Armleuchter stand da. – Und plötzlich wurde ihr Páris gemeldet!

A. Ach, der mit dem Apfel?

B. Bravo, woher wissen Sie denn das?

A. Na, Páris war doch der, der auf dem Berge Aida der Schönsten mit der Armbrust einen Apfel vom Kopf schoss!

B. Das verwechseln Sie leider mit Wilhelm Tell – aber immerhin! – Außerdem hieß der Berg Ida! – Na schön! Páris beschloss, Helena mit List zu erobern.

A. Ach, Klavier spielen konnte er auch?

B. Das weiß ich nicht! Jedenfalls aber nahm er sie mit nach Troja.

A. Ach so ja.

B. Und wissen Sie, wodurch Troja berühmt geworden ist?

A. Durch die Trojabohnen!

B. Nein, durch den Trojanischen Krieg! Die einstmals so stolze Stadt wurde völlig zerstört – und heute ist die Fläche, auf der sie stand, eben!

A. Eben!

DER SCHATZ

EINE ALTE VOLKSWEISE

Es liegt ein Schatz begraben
dort, wo der Weg sich biegt,
und nur zwei alte Raben,
die wissen, wo er liegt.

Noch keine Menschen haben
ihn zu Gesicht gekriegt.
Nur die zwei alten Raben,
die wissen, wo er liegt.

»Hü, Rösslein, du musst traben,
bald haben wir gesiegt!
Ich seh zwei alte Raben,
die wissen, wo er liegt!«

Ich hab am Weg gegraben,
der eine Biegung macht.
Die beiden alten Raben
haben sich totgelacht.

VIELE VERSE …

Viele Verse schrieb und schreib ich,
denn die Muse, die mich küsste, will es;
doch die Verse sind viel unbekannter
als die Verse des Achilles!
Über diese gibt es Bücher –
wer kennt nicht die dicken Folianten?
Meine Verse aber kennen
nur der Mond – und du – und dann zwei alte Tanten!

GENIESSE AUCH DIE PAUSEN: SIE SIND SCHÖN!

R. WAGNER BESUCHT LUDWIG II. AUF DER ROSENINSEL IM STARNBERGER SEE

ABER FRAU SCHWEINSTIEG! MOZARTKUGELN PASSEN
NUN WIRKLICH NICHT ZU EINER WAGNEROPER!

Wenn die Opern dich umbrausen
mit Getön,
dann genieße auch die Pausen:
Sie sind schön.

QUERSCHNITT DURCH VERDI

Othello war schwarz wie ein Mohr
und ziemlich klug – obwohl Tenor –
und lebte nicht ganz ledig
in Venedig.

Doch eines Tags sah er *Aida*
und sprach zu sich: »Wer ist denn die da?
Die ist mein Typ – die wär mein Fall so!«
Na also!

Doch hat ihr Vater *Rigoletto*
für sie 'nen andern Mann in petto:
Don Carlos hieß der Mann in spe.
Olé!

Sie aber liebte einen Dritten.
Den brauchte sie nicht lang zu bitten,
den *Rhadames;* denn der war nur
Troubadour!

Doch der sang seine Serenatas
viel lieber vor dem Haus *Traviatas!*
Sie lauschte ihm auf dem Balkone
mit »ohne«.

Vielleicht hat er zu oft gesungen –
egal, sie kriegte kalte Lungen;
und, von dem Nachtwind angepustet,
hat sie dem Rhadi was gehustet.
Da sagte sich der Liebessänger:
»Die steckt mich an! Ich sing nicht länger!«
Und er verließ die Kranke.
Na danke! –

Aida aber und Othello
entleibten sich – das ging ganz schnell, oh! –
in Verona.
Aida wegen Rhadames,
Othello wegen Madame *Des-
demona* ...

NÄCHTLICHER BESUCH

Mit zwanzig Jahren begann ich zu handeln – und zwar mit Noten und Klavieren. Das lag nahe – das großväterliche Musikgeschäft. Nur ein paar Minuten zu Fuß – und ich befand mich inmitten hehrster Kunst, dachte ich!

In Wirklichkeit ist es völlig Wurst, ob man mit Käse handelt oder mit Musik: Immer kauft man billiger ein, um teurer zu verkaufen.

Als ich diese meine rein persönliche Meinung in aller Öffentlichkeit preisgab, verhüllte mein von hanseatischem Kaufmannsgeist erfüllter Großvater sein Haupt!

Er beruhigte sich erst, nachdem ich ihm eines Tages eröffnet hatte, ich würde den *Ratten*, die seit je und eh ausgerechnet den kostbaren, in Leinen gebundenen Notenwerken auf den Leim gingen, zu Leibe rücken!

Die Jagdleidenschaft und eine alte Flinte hatte ich von Onkel Harry geerbt. Er war ein Nimrod, obwohl seine Hände beim Zielen immer gewaltig zitterten – aber nicht, weil er vorm Knall Angst gehabt hätte oder weil ihn fror – nein, weil seine Hände *immer* zitterten.

Doch wie alles sein Gutes hat, so hatte auch dieses an sich lästige Leiden lustige Vorteile: Gelang es Onkel Harry doch zuweilen, durch sein Zittern eine über das normale Maß hinausgehende Streuung des Schrotes zu erzielen. Manchmal fühlten sich durch *einen* Schuss – und das ist keine Ente! – gleich drei bis vier Exemplare dieses Geflügels getroffen und gingen gleichzeitig zu Boden ...

Ich aber ging in den Keller, holte die Flinte und begab mich eines Sonntagabends ins Geschäft. ...

Es muss ungefähr Mitternacht gewesen sein – ich hatte kaum ein paar Stunden bequem in Großvaters Lehnstuhl, den ich seinem Büro entlehnt hatte, gesessen – als plötzlich die Tür mir gegenüber sich zu öffnen schien und ein langer, gepflegter Vollbart eintrat – mit einem älteren Herrn dran.

»Ges-tatten Sie«, sagte der Vollbart, »mein Name ist *Johannes Brahms!* – S-töre ich?«

»Aber nicht im Geringsten, verehrter Meister! Weder stören Sie mich, noch stört mich Ihr Hamburger Dialekt!«, rief ich aus.

»Ach, hören Sie mir bloß mit Hamburg auf! Diese S-tadt hat sich bis jetzt recht undankbar gezeigt: Kein Platz, keine Brücke ist nach mir benannt worden! Nur so eine müde Allee, in die kaum ein Mensch kommt – – –«

KONSPIRATIVES MOTTENTREFFEN ÜBER FILZIGEM BEUYS-FLÜGEL

»Das kommt vielleicht daher«, wagte ich einzuwenden, »weil Sie, statt Ihre *Heimatstadt* zu besingen, lieber *Ungarische Tänze* komponiert haben! – Sehen Sie, Ihr Kollege Rimskij-Korsakow zum Beispiel, der Ihnen nicht das Wasser der Newa oder eines anderen russischen Flusses reichen kann und mit Hamburg nicht das Entfernteste zu tun hat – dazu lebte er viel zu entfernt –, widmete immerhin Ihrer Stadt seinen berühmten *Hummel*flug!«

»*Mors!*«, knurrte Brahms, »da mögen Sie in etwa recht haben, junger Mann! Aber eine Frage hätte ich noch: Wie verkauft sich eigentlich mein Wiegenlied *Guten Abend, gut Nacht?*«

»Das von Mozart verkauft sich besser!«, erwiderte ich wahrheitsgemäß, worauf er, angewidert sein mächtiges Haupt schüttelnd, murmelte: »Natürlich! Weil da ein Prinzchen vorkommt.« Und langsam und völlig löste er sich in Nichts auf …
Auch ich war völlig aufgelöst! – Aber nicht lange!! Denn schon wieder wurde die Tür aufgerissen, und ziemlich abgerissen stürzte – wahrhaftiger Gott! – *Ludwig van Beethoven* herein!
»Na, noch so spät auf?«, fragte ich etwas vorlaut. Aber obwohl scheinbar anwesend, war er anscheinend abwesend! Er kritzelte Noten in sein Notizbuch und summte eine Melodie, die ich nicht kannte. Dabei war sie von Beethoven …!
»Was wird denn das, wenn es fertig ist?«, wollte ich wissen. Er beachtete mich jedoch nicht – bis es mir wie Schuppen von den Haaren fiel: Er kann ja nicht *hören*, der Arme! Und mit solch schlechtem Gehör komponiert er so gute Sachen!
Und unsere zeitgenössischen Komponisten hören so *gut!* Und …
Während ich diesen Gedanken noch weiter ausspann, spannte Beethoven seinen Regenschirm auf, flog durchs Fenster und genau dem Mondschein entgegen, wo ihn schon seine Sonate erwartete …
Ich saß inzwischen erwartungsvoll da und dachte, wer kommt nu?!
Und da kam einer, den ich am wenigsten hier erwartet hätte – nämlich Goethe!!
Was wollte Goethe in einem Musikgeschäft, er, der von Musik genauso viel verstand wie ein Igel vom Zähneputzen? Weiß Gott, er passte hierher; wie der Faust aufs Auge …
»Guten Abend, Herr Geheimrat!«, sagte ich höflich.
»Nun, auch Sie verwechseln mich leider! Ich bin Hauptmann!«
»Ach so! Aber wenn Sie in Zivil sind, kann man das nicht so sehen!«
»Sie irren abermals! Ich bin *Gerhart Hauptmann!* Ich bin hergekommen – vor Sonnenaufgang natürlich –, um meine unartigen Kinder zur Ordnung zu rufen! Sie haben, wie ich hörte, in Ihrem Geschäft viel Unheil angerichtet, *die Ratten?*«
»Jawohl, Herr Hauptmann!«
»Na, dann will ich mal mit ihnen reden! Im Keller unten!«
Während er langsam versank, als wollte er es seiner »Versunkenen Glocke« gleichtun, versank auch ich – in einen tiefen, jetzt traumlosen Schlaf, aus dem mich erst die Glocke der Registrierkasse erweckte …

»… UND VERGESST NICHT WIEDER ABZUSPEICHERN, GROSSER MEISTER!«

LEDA BRENNER MUSSTE FESTSTELLEN, DASS EIN GUMMISCHWAN
EINEN ÄUSSERST GERINGEN UNTERHALTUNGSWERT HAT.

HALLO, SCHWAN!

Schon lange vor der Eisenbahn
gab's als Transportmittel den Schwan.
Wolltst du verreisen noch so weit:
Ein Schwan mit Kahn stand stets bereit!
Du nanntest ihm das Endziel bloß,
stiegst ein, und, hui, schon ging es los!

Nun war – ganz in der Näh vom Grale –
so eine Art von Schwan-Zentrale,
in der erregt ein Herr erschien
und rief: »Ich bin der Lohengrin!
Und haben Sie wohl an der Hand
'nen Schwan? Ich muss gleich nach Brabant!
Ich bitte um ein schnelles Tier,
denn Elsa ruft schon sehr nach mir!
Auch hätt ich – sagen Sie's der Leitung! –
den Schwan gern mit Musikbegleitung!« –

Was weiter war – und wie's gewesen,
bitt ich bei Wagner nachzulesen!

Nach Schluss der langen Oper hörte
ich neulich folgende Kritik:
»Was mich an dieser Oper störte,
das war der Schwan und die Musik!«

TANNHÄUSER
ODER
DIE MEISTERSINGER IN DER WARTBURG
(IN 5 ABTEILUNGEN)

1

Es saß, laut Richard Wagners Werk,
Herr Tannhäuser im Hörselberg –
doch nicht allein, das war es eben:
Die Dame Venus saß daneben.
Sie war begabt mit ganz enormen,
doch angenehmen Körperformen
und schmiegte sich an seine Lende.
Er drückte ihr dafür die Hände.
Dann sangen beide ein Duett,
und vorne tanzte das Ballett.

Sie liebte und liebkoste ihn,
und grade das erboste ihn!
Das immer gleiche Einerlei,
das tägliche Tandaradei,
das viele Tanzen und die Lieder
war'n bald dem Tanni höchst zuwider,
weshalb er – es war kurz vor zehn –
ganz plötzlich ausrief: »Lass mich gehn!
Mich hält nichts mehr! Leb wohl, ich muss!«
Worauf sie sprach: »Red keinen Stuss!
Du bist mein Held, du bist mein Sänger!
Verweil doch noch ein wenig länger!« –
Und so blieb alles wie vorher:
das Singen, Tanzen und auch er.

2

Inzwischen waren Tage, Wochen
und Monate ins Land gekrochen,
als Tannhäuser plötzlich erwachte,
doch anders, als er es sich dachte:
Er lag, statt auf der weichen Chaise,
im harten Gras! Es roch nach Käse,
und eine Magd mit ganz enormen,
doch nicht so guten Körperformen
behütete der Kühe Herde,
auf dass sie nicht gestohlen werde.

Sofort befragte er die Maid
nach Ort der Handlung und der Zeit
und sah zur Linken und zur Freude
ein gar gewaltiges Gebäude;
und aus der Magd geräum'gen Munde
vernahm er dann die frohe Kunde,
dass dieses Bauwerk hoch und hehr
die so genannte Wartburg wär.
»Die Wartburg? Die ist mir bekannt!«,
sprach da der Venus-Emigrant,
»ich will mich jetzt dorthin bemühen!
Leb wohl! Empfiehl mich deinen Kühen!«

VOR ALLEM IN DEN WINTERMONATEN WAR FAFNER
IM HAUSE WAGNER UNVERZICHTBAR.

EIN SCHRECKLICHER ANBLICK: SIEGFRIEDS TARNKAPPE
WAR BEI DER WÄSCHE EINGELAUFEN.

3

Als Tannhäuser sein Ziel erreicht
– das Gehen fällt ihm noch nicht leicht –
und er dem Tor der Wartburg naht,
da hält ihn an ein Wachsoldat:
was er hier wünsche oder wolle
und dass er sich entfernen solle!
Hier fände heut ein Wettkampf statt,
doch nur für den, der Stimme hat!
»Dann bin ich richtig! Auf das Tor!
Lass mich hinein! Ich bin Tenor!«
Nachdem er so sich ausgewiesen,
lässt der Soldat passieren diesen.

4

Herr Tannhäuser betrat die Halle,
und, sieh mal an, hier war'n sie alle:
Hans Sachs, Jung-Siegfried, und selbst Hagen,
der aus Westfalen, wollt's mal wagen!
Auch 'n Holländer war da als Streiter!
(Es gab schon damals Gastarbeiter!)
Herr Tannhäuser erfuhr inzwischen
die Regeln, um hier mitzumischen:
Das, was er singt, sei einerlei,
wenn's nur von Richard Wagner sei!

Der Eschenbach war grade dran
mit'm »Abendstern« – und er gewann
die allermeiste Sympathie.
Kein Wunder bei *der* Melodie!

Und dann betrat die wunderschöne
Elisabeth von links die Szene!
Man zollte recht viel Achtung ihr,
denn sie war ja die Chefin hier!

Sie plauderte, was so passiert sei
und dass die Halle renoviert sei,
weshalb sie hoch und breit und lang
von ihrer »teuren« Halle sang!

Doch schließlich ging ihr Lied vorüber,
und auch der Tannhäuser ging lieber...

5

Er ging – und stand nun vor dem Tor.
Da kam ein langer Pilgerchor,
der grade nach Italien strebte
und hauptsächlich vom Singen lebte.
Als er den Pilgerzug erblickte
schrie er, sodass er fast erstickte:
»Hinweg ihr Socken und ihr Schuhe,
's wird Zeit, dass ich jetzt Buße tue!
Wie sündig ist mein ganzer Leib!
Wer schert mein Haar? Was schert mich Weib?
Auch ich kauf mir so eine Kutte!
Ich pfeif auf Venus, diese –!« – »Nu–n«,
sprach da des Pilgerzuges Leiter,
»so pilg're mit uns! Gleich geht's weiter!«
»Ich bin für euch nicht gut genug!
Geht! Ich komm mit dem nächsten Zug!« –

Ob er nun tatsächlich gezogen
gen Rom – oder gelogen
(wir wollen nur das Erste hoffen!),
bleibt offen ...

DER GEIGER

Unterm Arm die Violine,
auf dem Haupte Brillantine,
so besteigt mit ernster Miene
er die kunstverseuchte Bühne.
Mit den Haaren von dem Pferde
streicht er, weit entrückt der Erde,
voll Gefühl und Herzenswärme
über straff gespannte Därme.
Und der Lauscher dieser Handlung
denkt, infolge innrer Wandlung,
an die Pfoten grauer Katzen:
Auch ein Geiger kann gut kratzen!

LEGITIM

Mich fragte neulich ein Tenor,
wie mir sein Linkerton in »Butterfly«
gefallen hätt?
Ich sagte ihm:
legitim!
Worauf er mich nicht nur entsetzt,
nein, auch sogar etwas verletzt
berichtigte, dass »legitim«
so gar nicht passe hier und heute,
weil es ja *rechtmäßig* bedeute!
Ich antwortete, dass ich ihm
sehr dankbar sei für seine Lehre –
doch hier der *Umlaut* zu betonen wäre:
recht *mäßig!*

DIE SÄNGERIN

Reihen, Stühle, braune, harte.
Eintritt gegen Eintrittskarte.
Damen viel. Vom Puder blasse.
Und Programme an der Kasse.
Einer drückt. Die erste Glocke.
Sängerin rückt an der Locke.

Leute strömen. Manche kenn ich.
Garderobe fünfzig Pfennig.
Wieder drückt man. Zweite Glocke.
Der Begleiter glättet Socke.
Kritiker erscheint und setzt sich.
Einer stolpert und verletzt sich.

Sängerin macht mi-mi-mi.
Impresario tröstet sie.
Dritte Glocke. Schrill und herrisch.
Sie erscheint. Man klatscht wie närrisch.
Jemand reicht ihr zwei Buketts.
Dankbarkeit für Freibilletts.

Und sie zuckt leis mit den Lippen.
Beugt sich vor, als wollt sie kippen.
Nickt. Der Pianist macht Töne.
Sängerin zeigt weiße Zähne.
Öffnet zögernd dann den Mund.
Erst oval. Allmählich rund.

Und – mithilfe ihrer Lungen
hat sie hoch und laut gesungen.
Sie sang Schumann, Lincke, Brahms.
Der Beginn war acht Uhr ahms.
Und um elf geht man dann bebend,
aber froh, dass man noch lebend,
heimwärts. Legt sich müde nieder. – – –
Morgen singt die Dame wieder.

PAUL SCHLUDER WAR MAL WIEDER WESENTLICH FRÜHER FERTIG ALS DAS RESTLICHE ORCHESTER.

SMETANA NIMMT AM MITTELLAUF DER MOLDAU EINE HÖRPROBE

DER BACH
(DEM GLEICHNAMIGEN KOMPONISTEN GEWIDMET)

Tagtäglich fließt der Bach durchs Tal.
Mal fließt er breit, mal fließt er schmal.
Er steht nie still, auch sonntags nicht,
und wenn mal heiß die Sonne sticht,
kann man in seine kühlen Fluten fassen.
Man kann's aber auch bleiben lassen.

DIE TÄNZERIN

Erst tanzt sie nach rechts, dann tanzt sie nach links,
dann bleibt sie in der Mitte.
Dann tanzt sie nach links und wieder nach rechts,
sie hat so ihre Schritte.
Dann hebt sie den Arm, dann senkt sie das Haupt,
voll Schmerz sind ihre Züge.
Dann hebt sie das Haupt, dann senkt sie den Arm,
sie tanzt »Die fromme Lüge«.
Dann geht sie zurück und dann geht sie vor,
sehr schön ist dieser Vorgang.
Dann reißt sie sich hoch und dann fällt sie hin,
und dann fällt auch der Vorhang.

EIN PIANIST SPIELT LISZT

O eminenter Tastenhengst,
der du der Töne Schlachten lenkst
und sie mit jeder Hand für sich
zum Siege führst, dich preise ich!

Du bist ein gottgesandter Streiter,
ein Heros, ein Akkordarbeiter.
Im Schweiße deiner flinken Finger
drückst du auf jene langen Dinger,
die man gewöhnlich Tasten nennt,
und die, grad wie beim Schach, getrennt
in Schwarz und Weiß ihr Dasein fristen,
als Requisit des Pianisten.
Doch nicht nur deiner Finger Schwielen
brauchst du zum Greifen und zum Spielen,
nein, was man meistens gar nicht glaubt:
du brauchst dazu sogar dein Haupt!
Mal fällt's, als ob du schlafen musst,
auf deine stark erregte Brust,
mal fällt's mit furchtbar irrem Blick,
so weit es irgend geht, zurück,
und kommst du gänzlich in Ekstase,
hängt dir ein Tropfen an der Nase.
Und hast du endlich ausgerast,
sagt sich der Hörer: Liszt – not last!

O eminenter Tastenhengst,
der du der Töne Schlachten lenkst
und sie mit jeder Hand für sich
zum Siege führst, dich preise ich!
Und jeder Hörer merkt alsbald:
Du siegst mit Liszt, nicht mit Gewalt!

BEDENKLICH! NUR NOCH DREI PROZENT ALLER HUNDE
KÖNNEN DEN FLOHWALZER AUSWENDIG SPIELEN!

MODERNE SINFONIE

Droben sitzet die Kapelle,
festlich und gestimmt ist sie.
Schon ertönt die dritte Schelle,
gleich beginnt die Sinfonie.

Nun wird's stille; denn es zeigt sich
der Maestro, wohlbefrackt,
steigt aufs Podium, verneigt sich,
dreht sich um und schlägt den Takt.
Geiger geigen, Bläser blasen,
Pauker pauken, Harfe harft – – –
alle Noten dieses Werkes
werden schonungslos entlarvt ...

Droben schwitzet die Kapelle,
auch der Dirigent hat's satt!
Morgen können wir dann lesen,
ob es uns gefallen hat ...

DER FROSCH

Der Sänger spricht zum Gard'robier:
Um Himmels willen, horch mal!
Ich habe einen Frosch im Hals,
besorg mir einen Storch mal!

DIE FLIEGE

Eine Fliege flog zum Flügel,
huschte leis' über die Tasten,
um dann auf dem »gis« zu rasten.
Doch nur zwei Sekunden währte
dieser Aufenthalt, dann kehrte
sie zurück zu ihrer Sippe
und erzählte unumwunden,
sie hätt' den guten Ton gefunden.

MONA LISA UND DIE MALER

Zu Tizian, dem Maler, schlich
die holde Mona Lisa, und
sie bat ihn: »Bitte mal'n Sie mich
von vorne – und auch recht schön bunt!«

Der Meister brauchte grade Lire,
drum antwortete er: »Si, Si!
Doch eh die Leinwand ich beschmiere –
wie viel, Madame, bezahlen Sie?«

Da rief sie voll Impertinenz:
»Sie wollen Geld von mir, wieso?
Jetzt gehe ich zur Konkurrenz,
und zwar zu Michelangelo!«

Der war nun leider nicht zu Hause ...
»Ja, wen«, so dacht sie, »gibt es noch?
Ob ich mal schnell nach Holland sause –
zu Rembrandt oder zu van Gogh?«

Es fehlte ihr an Zeit, wie's schien,
und auch an finanzieller Kraft,
so blieb ihr nur noch der da Vin-
ci, und der hat's denn auch geschafft!

Er bracht ihr Lächeln gut zuwege,
die ganze Kunstwelt war besiegt –
verzeiht drum, wenn *ich* Zweifel hege:
Hätt's nicht ein anderer Kollege
vielleicht doch besser hingekriegt?

»WENN DU MAL GROSS BIST, MAL ICH DICH AUCH MAL, MONA LISA, ABER LASS MICH BITTE JETZT ENDLICH IN RUHE WEITERARBEITEN!«

AN DIESEM NACHMITTAG KAM MONET NICHT MEHR ZUM MALEN!

STICHE

Von Dürers Meisterhand ein Stich
betrachtet, wirkt mehr »äußerlich«,
dagegen dringt, wenn Sie verzeihn,
der Mückenstich weit »tiefer« ein.
Man sieht hieraus, dass ein Insekt
noch mehr kann als der Intellekt.

MILCH

Es bot der arme Trödlersmann
dem Grafen ein Gemälde an,
das zeigte farbig, froh und frisch
zwei Gläser Milch auf einem Tisch.
Der das gemalt, war namenlos –
das Bild dagegen rahmenlos.

Da sprach der Graf zum Trödlersmann:
»Was fang ich ohne Rahmen an?
Der Rahmen ist das A und O –
für dieses Machwerk sowieso!
Und dann der Preis! Ganz unerhört!
So viel sind zwei Glas Milch nicht wert!
Und außerdem fehlt, wie ich sag,
der Rahmen! Also – guten Tag!«

Da packte unser Trödlersmann
das Bild ein und sprach traurig dann:
»Wie doch 's Interesse gleich erlahmt
an Milch, ist sie, wie hier, entrahmt!«

WAS ES NICHT ALLES GIBT

Zunächst ist da der Vorhangmann –
eh der nicht zieht, fängt es nicht an!
Sehr nützlich ist der Inspizient –
er klingelt immer, ruft und rennt!
Fürs Haar ist wichtig die Frisöse –
für'n Text nicht minder die Sufflöse!
Den Anzug bügelt der Gardrober –
das Bier bringt der Kantinenober!

Dann gibt es die Kulissenbauer –
und Komiker, die immer sauer!
Es gibt den Held, den Bongwiwang
und die Suhbrette mit Gesang!
Heldenmutter – Heldenvater –
auch diese braucht man am Theater!

Wen gibt's denn noch? – Den Intendanten!
Und dann vor allem: INTRIGANTEN – –
Intriganten – Intriganten – Intriganten –

IHR DRANG

Für das Theater schwärmt sie schon
seit ihrem zwölften Jahre,
da sah sie nämlich »Romeo«
von W. Schakespeare.
Und weil ihr Drang zur Bühne groß,
groß wie der Himalaja,
drum kauft sie sich für zwo Mark zehn
das Buch »Die Bühne Maja«.

UND DAS IST DER WALD, DER GLEICH GNADENLOS GEGEN
DIE BURG VON MACBETH VORRÜCKEN WIRD!

LAUT SPONSORENVERTRAG MUSSTE KÖNIG LEAR IN JEDER AUFFÜHRUNG DEM PUBLIKUM MITTEILEN, ER ESSE DIESE BURGER, DENN ER SEI DER KING!

THEATER, FILM, FERNSEHEN

Man hat Theater, die erfreuen sich fiskalischer Unterstützung – man hat aber auch Theater, die erfreuen das Publikum. Diese sind äußerst selten, meist in privater Hand und haben schwer zu kämpfen, sofern sie nicht wenigstens einer Organisation angeschlossen sind, was aber ausgeschlossen ist, wenn das Stück, das sie spielen – wie traurig –, zu lustig ist!

Man unterscheidet zwei Arten von Theaterleitern: solche, die es wirklich sind, und solche, die es gern sein möchten. Letztere überwiegen bei weitem, obwohl gerade *sie* der Überzeugung sind, sie wären es ...

Auch die Darsteller zerfallen in zwei Teile: in einen, der von der Schauspielschule, und in den anderen, der vom Kabarett kommt.

Die Darsteller des ersten Teils besitzen oft keine Persönlichkeit und vermögen deshalb leicht in die Haut der darzustellenden Person hineinzuschlüpfen; die Kabarettisten dagegen können aus ihrer Haut nicht heraus und spielen aus diesem Grunde meist nur sich selbst. Sie sind von den »gelernten« Kollegen nicht so gern gesehen wie vom *Publikum*, was wohl daran liegt, dass der Theaterbesucher für gewisse Nuancen eine Nase hat, die nicht auf den Kopf gefallen ist! –

Mindestens ebenso wichtig am Theater wie die Platzanweiser – ich meine hier nicht die Regisseure – sind zweifelsohne die Kritiker! Sie sind fürwahr bedauernswerte Geschöpfe; denn sie sind ganz auf sich gestellt und dürfen nicht – wie normale Theaterbesucher – andere nach ihrer Meinung fragen. Im stillen Kämmerlein tippen sie ihre Rezensionen in die Schreibmaschine, und es kommt nicht selten vor, dass sie – ähnlich wie beim Lotto – danebentippen ... So schrieb beispielsweise Ende des vorigen Jahrhunderts ein berühmter Wiener Musikkritiker (Name und Anschrift sind bekannt) gelegentlich der Uraufführung von Puccinis »La Bohème«, er gäbe dieser Oper noch drei Aufführungen – dann wäre sie vergessen! Man bedenke! Andererseits meinte er über Meyerbeers »Afrikanerin«, dieses Werk werde auch noch das nächste Jahrhundert überleben! Dabei wird diese Oper nicht einmal mehr in Afrika gespielt. Ja, ja – es gibt kaum etwas, womit man so viel Theater hat – wie mit dem Theater ...

Aber auch mit dem Film!

Kaum hatte ich das zarte Alter von 46 Jahren erreicht, als man mich auch schon entdeckte – und zwar auf einer winzigen Bühne in einem witzigen Stück.

Das Publikum scharte sich in Scharen um das Geschehen, aber, wie ich später erfuhr, weniger meinetwegen, als wegen einer bedeutend jüngeren Kollegin, die es meisterhaft verstand, ihre Rolle vor allem zu *verkörpern*!
Hauptsächlich die Filmproduzenten, die ja immer auf der Jagd nach jungen Talenten – besonders, wenn sie weiblichen Geschlechts sind – sind, eilten in rauen Massen herbei, um den Maßen der Künstlerin nachzuspüren …
Schließlich aber kam einer dieser Herren nicht nur ins Theater, sondern auch auf die Idee, dass eigentlich *ich* den Maßen der Breitwand eher entspräche!
Also – und das spricht für den Fachmann! – bot er mir für ein Filmvorhaben, das nach einem Drama eines gewissen Franz Grillparzer gedreht werden sollte, eine der Hauptrollen an, mit der Bemerkung, er habe an den Autor wegen der Vergebung der Filmrechte bereits geschrieben …
»Vergebung«, sagte ich, »aber Grillparzer ist meines Wissens seit langem tot!« – »Oh«, meinte der Produzent, »deshalb hat er wohl auch nicht geantwortet!« …
So fiel dieses Projekt leider ebenso ins Wasser wie in Grillparzers Stück die Leander; welche ja mehrmals nächtens die Dardanellen durchschwamm, nur, um die Kerze ihres Hero auszupusten!* Meine Hoffnung, jemals zum Film zu kommen, wähnte ich ebenfalls als erloschen …
Aber nein! Schon nach ganz kurzer Zeit stand ich in einem richtigen Filmatelier; von einem richtigen Filmregisseur geleitet, zum ersten Mal vor einer richtigen Filmkamera!
Mit namhaften Kollegen, die ich normalerweise nie anzusprechen gewagt hätte, war ich plötzlich »per du«, ohne dass meine Hochachtung vor ihnen »perdü« gegangen wäre …
Wir waren ein unzertrennliches Team – was den Produzenten, wenn er uns alle zusammensah, regelmäßig bewog, sprachgewandt, aber auch etwas besorgt, auszurufen: »Team is money!«
Nun, wir alle waren vom Erfolg des Films überzeugt, und erst bei der festlichen Uraufführung wurde deutlich, wie viel Time wir für dieses Machwerk unnötig verplempert hatten, und was da alles an guten Pointen auf Geheiß des Produzenten herausgeschnitten worden war, bloß, weil er sie bei der Vor-Vorführung nicht verstanden hatte!
Nee, nee – auch mit dem Film hat man Theater …

---

* *Siehe auch Seite 117*

VOR VIELEN JAHREN HATTE HERR M. EINEN TRAUM, DEN ER SEINER FRAU NIE VERZIEH: SIE HATTE IHN MIT HUMPHREY BOGART BETROGEN!

Während man auf der Filmleinwand manchmal einen drei Meter großen Kopf hat, wird man auf dem Bildschirm zum Pygmäen!
Aber vielleicht ist es gerade die Kleinheit, die im Fernsehzuschauer teils väter-, teils mütterliche Gefühle auslöst, sofern ihm der Darsteller sympathisch ist. Er sagt sich: »Gott, ist der Kleine nüdlich – – und so hülflos! – – Oh, wie nett er eben gezwinkert hat – – – und nun ist er böse, wie ein Großer, ha-ha-ha!«
Anders ist es, wenn der Betrachter lieber ein Fußball-Länderspiel erleben oder einen wissenschaftlichen Vortrag, etwa über das Thema »Elementare Elemente der hyperphosphären Rekonvaleszenz«, hören möchte. Und nun kommst du Däumling mit deinem Gequatsche!
Oder einer hat Krach mit seiner vierten Frau und möchte sich nun bei Tschaikowskis Fünfter ausweinen ... Stattdessen erscheinst *du* und reißt Possen!
Das eben ist die große Gefahr, der du als »Fernsehstar« ausgesetzt bist: Du gerätst leicht an die falsche Adresse!
Im Kino dagegen sieht dich nur der, der dich sehen *will* – aber wer geht heute schon noch ins Kino?!!! ...

FERNSEHEN

Damit man sähe, was man höre,
erfand Herr Braun die Braun'sche Röhre.
Wir wär'n Herrn Braun noch mehr verbunden,
hätt er was anderes erfunden.

ZUM 25. AUGUST 1967

(EINFÜHRUNG DES FARBFERNSEHENS)

Das Fernsehprogramm, von dem Ersten bis Dritten,
das hatte, ich sage es nur beklommen,
an einer langwierigen Krankheit gelitten –
drum hat man es in Behandlung genommen.

Seitdem ist das Fernsehen unbestritten
gesundet. Es hat sogar Farbe bekommen …

VEREHRERPOST

Wir kennen Sie vom Fernsehn –
und weil wir Sie so gern sehn,
so möchten wir Sie nah sehn!
Könn'n wir Sie nicht mal da sehn,
wo Sie zu Hause sind?
Es grüßt mit Frau und Kind
Fritz Stindt

SEIT JAHRZEHNTEN SIND DIE HEMPELS LINDENSTRASSEN-FANS, AUCH WENN SIE MITTLERWEILE NICHT GLEICH DEN FERNSEHER FINDEN.

DER SCHAUSPIELER

Er sprach zu der Theaterleitung,
nachdem er dreimal ausgespuckt:
»Mein Name steht in dieser Zeitung
nie eingerahmt, nie fett gedruckt!
Dabei spiel ich die längsten Rollen,
mal bin ich heldisch, mal geduckt,
ich probe auch, solang Sie wollen,
doch niemals bin ich fett gedruckt!«

Ganz ohne Probe selbstverständlich
starb gestern er, hat kaum gezuckt ...
Heut steht er in der Zeitung endlich
schön eingerahmt und fett gedruckt!

MORGEN BIN ICH WIEDER FRÖHLICH!

»DAS LEBEN KÖNNTE SO SCHÖN SEIN, WENN ES NUR NICHT AUSGERECHNET MEINS WÄRE!«

DEPRESSIONEN

Gestern war ich noch so fröhlich,
heute hat es sich gegeben.
Gestern schlug ich Purzelbäume,
heute will ich nicht mehr leben.

Solch ein Zustand ist entsetzlich,
mich und meine Umwelt quäl ich;
doch er dauert nicht sehr lange:
Morgen bin ich wieder fröhlich!

NICHTS

Gott hat die Welt aus *Nichts* gemacht«,
so steht es im Brevier,
nun kommt mir manchmal der Verdacht,
er macht sich *nichts* aus ihr ...

Ich kann's bis heute nicht verwinden,
deshalb erzähl ich's auch nicht gern:
Den Stein der Weisen wollt ich finden
und fand nicht mal des Pudels Kern.

BAUER HERMANN, VOM DENKEN ÜBERSCHATTET

IN EIGNER SACHE

Ich häng oft den Gedanken nach,
die teilweise stürmisch, teils gemach
die Gänge meines Hirns erfüllen.
Doch denken kann ich nur im Stillen.

Im Wald zum Beispiel! Zwischen Bäumen,
dort kann ich dichten, kann ich träumen.
In Gegenwart von Baum und Tier,
da kommen die Gedanken mir.

Allein, inmitten jener Wesen,
die schreiben können und auch lesen,
die lieben können, doch nur hassen,
fällt mir nichts ein, da muss ich passen!

ERKENNTNIS

Man hat vor Jahren festgestellt,
dass unsre liebe, schöne Welt,
auf der wir leben, nicht nur bunt ist,
nein, dass sie außerdem auch rund ist.
Und deshalb sind wir in der Lage
– sowohl bei Nacht als auch bei Tage –
von einer Erdhälfte zur andern
zu fliegen, schwimmen oder wandern,
was ganz unmöglich wär beileibe,
wär unsre Erde nur 'ne Scheibe.

Wobei, wie ihr es sicher wisst,
auf Erden alles Schei-be ist!

DER EINSAME

Einsam irr ich durch die Gassen,
durch den Regen, durch die Nacht.
Warum hast du mich verlassen,
warum hast du das gemacht?
Nichts bleibt mir, als mich zu grämen!
Gestern sprang ich in den Bach,
um das Leben mir zu nehmen;
doch der Bach war viel zu flach.

Einsam irr ich durch den Regen,
und ganz feucht ist mein Gesicht,
nicht allein des Regens wegen,
nein, davon alleine nicht.
Wo bleibt Tod in schwarzem Kleide?
Wo bleibt Tod und tötet mich?
Oder besser noch: uns beide?
Oder besser: erst mal dich?

DIE ZEIT

Ich wälze nicht schwere Probleme
und spreche nicht über die Zeit.
Ich weiß nicht, wohin ich dann käme,
ich weiß nur, ich käme nicht weit.

JOSEPH M. SOMMER HAT EINE TOTAL NEGATIVE EINSTELLUNG ZUM WINTER.

AN EINEN PESSIMISTEN

Jede Sorge, Freund, vermeide,
jedes Weh sollst du verachten.
Sieh die Lämmer auf der Weide:
Sie sind fröhlich *vor* dem Schlachten.
Ahnst du nicht, wie dumm es wär,
wären sie's erst hinterher?

WOLKEN

Die Wolken, die vorm Monde ziehn,
verdunkeln ihn,
und auch die Sonne uns're Breiten
hat mit den Wolken Schwierigkeiten.

Wie soll der *Mensch* nun auf der bösen
Welt kämpfen und Probleme lösen
mit seinem kleinen dummen Hirn,
wenn selbst das göttliche Gestirn,
die *Sonne,* täglich resigniert
und ihren Kampf
verliert
gegen ein bisschen Wasserdampf ...?!

TROST

Immer wenn ich traurig bin, trink ich einen Korn.
Wenn ich dann noch traurig bin, trink ich noch
'nen Korn. Und wenn ich dann noch traurig bin,
dann trink ich noch 'nen Korn ...
... und wenn ich dann noch traurig bin, fang ich
an von vorn.

TRINKLIED

Wo bleibt heut bloß der Sonnenschein?
Liegt's an den Isobaren?
Ach, soll's doch ruhig trübe sein
wir trinken unser'n Klaren!

Schön eisgekühlt stürzt er zu Tal,
es wird uns heiß und heißer ...
Der trübe Himmel kann uns mal,
und *wo* er kann, das weiß er.

Das Trübsalblasen ist ein Graus
und schädlich ohne Zweifel!
Kommt, lacht den trüben Himmel aus –
Alkohol ihn doch der Teufel!

»FIPS, WARUM HAB' ICH KEINE FREUNDE?« –
»WEIL DU SIE ALLE AUFGEFRESSEN HAST!«

7 NIGHTHAWKS

DIE KUNST DES TRINKENS

Solange es uns Menschen gibt,
sind auch Getränke sehr beliebt –
ich meine hier natürlich nur
die alkoholischer Natur!

Den *Wein,* den hab ich übersprungen,
der wurde schon zu oft besungen
und auch der *Sekt!* (Man reicht ihn Gästen
zum An- und Aufstoßen bei Festen.)

Wie selten aber steht vom *Bier*
etwas geschrieben, außer hier:
»Es schäumt das Glas mit edler Gerste,
und stets bekömmlich ist das erste!«

Doch gibt es außerdem Getränke,
den'n ich besond're Liebe schenke,
ich schätze fast seit der Geburt se:
das ist der *Klare* oder *Kurze!*

Wie wärmen sie an kalten Tagen
schön eisgekühlt den kalten Magen!!!
Wie spornen sie – als Geistgetränke –
den Geist an, dass er wieder denke!!!

Jedoch wie geistlos – sei'n wir offen! –
wird diese Köstlichkeit *gesoffen!*
Drum will ich, eh Sie einen heben,
hier schnell noch einen Ratschlag geben:

Man trinke *Schnaps* stets *nur zum Essen !!!*
Das *Bier* dazu soll man *vergessen !!!*
Und ob in Kneipe oder Haus:
Man lasse immer einen aus !!!

Wenn man das ganz genau so tut,
dann fährt man stets – auch Auto! – gut.

BIER-FRAGMENT

War ich, wo's Bier zu trinken gab,
stell ich die Frage unterwegs mir:
Wenn ich beim Bier geschäkert hab,
bin ich dann wohl ein Schäksbier?

DER SNOB

Sie reichten Weine mir und Bier
und Schnäpse und dergleichen –
dabei könn'n diese Leute mir
nicht mal das Wasser reichen!

Nur Wasser trinkt der Vierbeiner,
der Mensch, der findet Bier feiner.

SPÄTLESE

Ich bin sehr krank
und geh zum Schrank.
Ich hol ein Glas
und fülle das
mit Moselwein.
Hm, der schmeckt fein:
Spätlese!

Ich bin genesen
und möchte lesen.
Ich hol mir was
und lese das
von abends acht
bis Mitternacht.
Auch 'ne Spätlese ...

KENNST DU DEN ORT?

Kennst du den Ort, wo es stets muffig riecht?
Dir feuchte Kälte in den Anzug kriecht?
Wo stolze Flaschen stehen voll des Weins?
Wo Dosen dösen mit dem Schmalz des Schweins?
Wo Spinnen kunstgerecht die Wand »benetzen«,
und wo kein Stuhl ist, sich mal hinzusetzen?
Wo Kohlen frierend in der Ecke liegen?
Wo die Kartoffeln edle Keime kriegen,
die Waschmaschine wäscheharrend steht
und wo des Wassers Haupthahn leise kräht?
Kennst du den Ort? O Fremdling, sprich!!
Du kennst ihn nicht? – Nun, aber ich!

»VOLLTANKEN?«

ZWEIFEL

Nein, nicht jeder Filmakteur
treibt mit dem Talent Verschwendung,
und nicht jeder Fernsehstar
glaubt an sich und seine Sendung.

Mancher Ofen heizt die Luft
über'm Haus und drinnen rußt er,
mancher wird ein Diplomat
und bleibt trotzdem nur ein Schuster.

Mancher Käpt'n, der zur See
schiffen möcht, kahnt auf der Weser,
mancher hadert mit dem Sein
und dem Ich. Und du, mein Leser?

VOR DEM TODE HAB ICH KEINE ANGST

LEO HATTE EINEN LETZTEN WUNSCH

BEIM JÜNGSTEN GERICHT SOLL NEUERDINGS
RECHTSBEISTAND ZUGELASSEN WERDEN.

SCHÜCHTERNHEIT

Als Kind – zu meiner Eltern Leid –
litt ich an großer Schüchternheit.
Als Gymnasiast dann – farbumbändert –
hatte sich darin nichts geändert.
Auch nach dem ersten Kuss – mit Ellen –
war keine Bess'rung festzustellen.
Im Alter erst – beim Kampf um's Leben –
hat sich die Schüchternheit gegeben!

Doch weiß ich: Tritt der Tod herein
und spricht zu mir: »Komm mit, mein Sohn!«,
und führt mich vor des Höchsten Thron,
werd ich wieder ganz schüchtern sein – – –

AN MEINE BRILLE

Ich wäre glatt verloren,
wärst du nicht stets bei mir.
Du hängst an meinen Ohren
grad so, wie ich an dir.

Ich trag dich, wenn auf Zehen
die Nacht sich niedersenkt.
Dann kann ich besser sehen
den Traum, der mich umfängt.

Und wenn ich einst verschwinde
für immer, bleib bei mir.
Dass ich auch sicher finde
den Weg zur richt'gen Tür …

ES SCHEINT SO

Es scheint so, dass auf dem Planeten,
den wir so gern mit Füßen treten
und ihn dadurch total verderben –
dass also hier nur *Gute* sterben!

Denn: Las man je im Inserat,
dass ein Verblichner *Böses* tat?
Dass er voll Neid war und verdorben
und dass er nun mit Recht gestorben?

Es kann da keinen Zweifel geben:
Die Schlechten bleiben alle leben!

DAS SCHLOSS

Papst Paul war gestorben vor vierhundert Jahren
und ist dann, wie üblich, gen Himmel gefahren.
Und als er dort oben gut angekommen,
da hat er den güldenen Schlüssel genommen.
Es ist ja bekannt, dass früher und itzt
jeder Papst einen Schlüssel zum Himmel besitzt.

Doch siehe, der Schlüssel, der wollte nicht passen.
Der Petrus hat trotzdem ihn eintreten lassen
und sprach (sein Antlitz war bartumrändert):
»Der Luther hat nämlich das Schloss verändert ...!«

ROBERT K. FÄNDE DAS JENSEITS STINKLANGWEILIG, WENN NICHT DER HEILIGE GEIST IHM AB UND ZU AUS DER HAND FRESSEN WÜRDE.

UM ZU DOKUMENTIEREN, WIE KRANK SIE SICH FÜHLT, KOMMT
FRAU KOLLER STETS IN BEGLEITUNG ZUR SPRECHSTUNDE.

ZU SPÄT

Die alten Zähne wurden schlecht,
und man begann, sie auszureißen,
die neuen kamen grade recht,
um mit ihnen ins Gras zu beißen.

ZU KURZ

Kaum, dass auf diese Welt du kamst,
zur Schule gingst, die Gattin nahmst,
dir Kinder, Geld und Gut erwarbst –
schon liegst du unten, weil du starbst.

ZUM ABSCHIED

Versuche tunlichst zu vermeiden, jeden
mit klugem Wortschwall zu benetzen;
denn plötzlich stirbst du und vermagst die Reden,
die du gehalten, nicht mehr in Taten umzusetzen …

Vor dem Tode habe ich keine Angst –
denn alle, die gestorben sind,
lassen nicht wieder davon ab.

DIE KELLERMAUS

Es wollte eine kleine Maus
– im Keller wohnhaft – hoch hinaus;
und eines Nachts, auf leisen Hufen,
erklomm sie achtundneunzig Stufen
und landete mit Weh und Ach
ganz oben, dicht unter dem Dach.
Dort wartete bereits auf sie
die Katze, namens Doremi. – –

Kaum, dass das Mäuslein nicht mehr lebte,
geschah's, dass eine Fledermaus
ein paarmal um die Katze schwebte,
zur Luke flog und dann hinaus.
Da faltete die Katz, die dreiste,
die Pfoten und sprach: »Ist das süß!
Da fliegt die Maus, die ich verspeiste,
als Engelein ins Paradies!«

DER MAUS

Der Maus ihr Gatte wurd geschnappt
von einer Mausefalle,
nun war – verdammt und zugeklappt! –
er mausetot für alle.
Die Trauerreden für'n Gemahl,
sie gipfelten im Satze:
»Viel schneller ging's auf jeden Fall
mit Falle – als mit Katze!«

DIE GANZE WELT TRAUERT UM MICHAEL JACKSON.

NACH DER PANDEMIE GAB ES ZU DEN ÜBLICHEN
VENEDIG-MOTIVEN AUCH TOLLE ALTERNATIVEN.

DANACH

Ich reiste solo durch die Tropen,
sah Affen, Gnus und Antilopen
und – leider viel zu spät – den Tiger!
Er kam von hinten und blieb Sieger! –

Nun sitz ich hier im Paradiese
mit andern Engeln auf der Wiese.
Man ist sich noch ein wenig fremd.
Zwei Flügel wachsen durch mein Hemd – – –

DAS WIEDERSEHN

Er hat sich dreimal überschlagen ...
Lang war der Sturz und kurz der Schreck ...
Im Abgrund lag der schöne Wagen,
und neben ihm lag Mister Black ...
Die starren Augen standen offen ...
Der Wagen lag auf dem Verdeck ...
Black schaute staunend und betroffen:
»Da steht doch mein Freund Taylor? – Jack!!«

»Ja, ich bin Jack! Leidest du sehr?
Wie geht's? Du kannst mir alles sagen!«
»Mein lieber Jack, wie kommst du her,
das muss ich aber wirklich fragen?!
Du fielst vor Jahren doch vom Boot
durch irgendeinen dummen Fehler,
und du ertrankst! *Du bist doch tot ! ! ! ?*«
»Du auch«, erwiderte Jack Taylor ...

GEDANKEN BEIM ANBLICK DEINER KROKOTASCHE

Ich badete im Ganges
(das ist eine Art Nil).
Im Ganges schwamm was Langes
auf Flügeln des Gesanges:
Das war ein Krokodil.

Es sang: »Die alten Zedern,
die blühen weiß und rot. –
Oh, hätte ich doch Federn,
wärs Leben nicht so ledern –
besonders *nach* dem Tod.«

AUF DEN TOD MEINES HUNDES

Auf dem Berge steht ein Häuschen,
um das Häuschen ist ein Garten,
und am Zaun vor diesem Garten
war's, wo wir den Hund verscharrten.
Ach, er starb an einer Gräte,
die im Hals beim Atmen störte,
und die ja, genau genommen,
da auch gar nicht hingehörte.
Und nun stehe ich am Grabe,
pflanz Vergissmeinnicht und bete.
Von dem Kirchturm schlägt es sieben,
von dem Schellfisch war die Gräte.

HIG
Club
62
Glück

DICHTER UND BAUER

Es hat der junge Dichter
für heut genug gereimt,
drum löscht er alle Lichter,
legt sich ins Bett und träumt.
Er träumt von einer Mauer,
die ihm die Sicht verdirbt
und dann von einem Bauer,
in dem ein Vogel stirbt.

EIN NACHRUF

Du warst ein Musiker und Dichter,
ein Maler und Kaninchenzüchter;
doch trotzdem war's dir nicht gegeben,
den eignen Tod zu überleben. –
Wir wollen nur das eine hoffen,
dass du's dort oben gut getroffen!

AN EINEN VON VIELEN

Als du noch warst, wollt man nichts geben.
Kaum warst du tot, ließ man dich leben!
So ist's! – Den höchsten Ruhm erworben
hat man erst dann, ist man gestorben.

ALS KRIMIAUTOR LOWSMITH DEN MÖRDER AUS DEN AUGEN
VERLOR, W JSSTE ER, JETZT IST SCHLUSS!

DIE HEUREKA NAHM NACH WENIGEN HUNDERT METERN DIREKTEN KURS AUF AMERIKA.

KURZ VOR SCHLUSS

Schön ist der Wein, bevor er getrunken,
schön ist das Schiff, bevor es gesunken,
schön ist der Herbst, solange noch Mai ist,
schön ist der Leutnant, solang er aus Blei ist.
Schön ist das Glück, wenn man es nur fände!
Schön ist dies Buch, denn gleich ist 's zu Ende.

INHALTSVERZEICHNIS

Wir produzieren nachhaltig
• Klimaneutrales Produkt
• Papiere aus nachhaltigen und kontrollierten Quellen
• Hergestellt in Europa

MIX
Papier | Fördert gute Waldnutzung
FSC® C018236
www.fsc.org

1. Auflage 2023

– Originalausgabe –

ISBN 978-3-8303-3671-6

© 2023 Lappan Verlag in der Carlsen Verlag GmbH,
Völckersstr. 14–20, 22765 Hamburg

Wir behalten uns die Nutzung unserer Inhalte für Text und Data Mining im Sinne von § 44b UrhG ausdrücklich vor.

Texte: Heinz Erhardt
Bilder: Gerhard Glück
Lektorat: Ariane Ossowski | Monika Swirski
Gestaltung | Herstellung: Monika Swirski

FOLGT UNS! facebook.com/lappanverlag
Instagram.com/lappanverlag
www.lappan.de